CD-ROM

ÜBUNGSAUFGABEN

Machen Sie sich fit für das Assessment Center. Dabei helfen Ihnen unterschiedliche Aufgabentypen.
- Postkorb
- Fallstudie
- Selbstpräsentation

HÖRDIALOGE

Bei Vorstellungsgesprächen live dabei sein: Audiodateien zum Anhören im mp3-Format mit ausführlichem Experten-Kommentar.

BEWERBUNGSGENERATOR

Geben Sie einfach Ihre persönlichen Daten ein und der Generator erstellt Ihnen einen perfekten chronologischen Lebenslauf.

FOTOGENERATOR

Passbilder optimal an Ihre Anforderungen anpassen: Größe, Helligkeit, Kontrast und Skalierung sind individuell einstellbar.

D1700715

Bibliografische Information der Deutschen Nationalbibliothek

Die Deutsche Nationalbibliothek verzeichnet diese Publikation in der Deutschen Nationalbibliografie; detaillierte bibliografische Daten sind im Internet über http://dnb.d-nb.de abrufbar.

ISBN 978-3-648-01773-9   Bestell-Nr. 04299-0003

3., aktualisierte und erweiterte Auflage 2011

© 2011, Haufe-Lexware GmbH & Co. KG, Munzinger Straße 9, 79111 Freiburg

Redaktionsanschrift: Fraunhoferstraße 5, 82152 Planegg
Telefon (089) 895 17-0
Telefax (089) 895 17-250
www.haufe.de

Lektorat: Jasmin Jallad

Idee & Konzeption: Dr. Matthias Nöllke, Textbüro Nöllke München
Umschlaggestaltung: fuchs design, 81671 München
Redaktion und DTP: Lektoratsbüro Cornelia Rüping, 81679 München
Druck: Franz X. Stückle, 77955 Ettenheim

Die Angaben entsprechen dem Wissensstand bei Redaktionsschluss am 12. Juni 2009. Alle Angaben/Daten nach bestem Wissen, jedoch ohne Gewähr für Vollständigkeit und Richtigkeit. Dieses Werk sowie alle darin enthaltenen einzelnen Beiträge und Abbildungen sind urheberrechtlich geschützt. Jede Verwertung, die nicht ausdrücklich vom Urheberrechtsschutz zugelassen ist, bedarf der vorherigen Zustimmung des Verlages. Das gilt insbesondere für Vervielfältigungen, Bearbeitungen, Übersetzungen, Mikroverfilmungen, Auswertungen durch Datenbanken und für die Einspeicherung und Verarbeitung in elektronische Systeme.

Christoph Hagmann/Jasmin Hagmann

Testbuch Assessment Center

Inhalt

Einleitung: Wie Sie dieses Buch am besten nutzen	7

Was kommt im Assessment Center auf mich zu? — 9

Wie läuft ein Assessment Center ab?	9
Wer sitzt in der Jury und was genau tut sie?	11
Wie kann ich mich aufs Assessment Center vorbereiten?	11

Postkorbübungen — 13

So lösen Sie Postkorbübungen	13
Beispiele für eine Postkorbübung	14

Präsentationen und Vorträge — 41

So gehen Sie an Präsentationen und Vorträge heran	41
Wie Sie Medien sinnvoll einsetzen	42
→ Übungsaufgaben zum Einsatz von Medien	42
→ Übungsaufgabe zu Präsentationen und Vorträgen	43

Business Case Study (Fallstudie) — 47

Wie Sie Fallstudien sinnvoll angehen	47
Beispiel für eine Fallstudie	48
So könnte Ihre Präsentation konkret aussehen	55

Gruppendiskussionen — 67

So gehen Sie an Gruppendiskussionen heran	67
→ Übungsaufgaben zu Gruppendiskussionen	68

Rollenspiele und Konfliktgespräche — 75

Konfliktgespräche mit Mitarbeitern	75
→ Übungsaufgaben zu Mitarbeitergesprächen	81
Das Kundengespräch	91
→ Übungsaufgaben zu Verhandlungen, Reklamationen und Verkaufspräsentationen	93
Die Gruppendiskussion als Rollenspiel	102
→ Übungsaufgaben	102

Konstruktionsaufgaben — 107

Wie Sie die Arbeit des Teams strukturieren können	107
→ Übungsaufgaben	108

Schätzaufgaben — 111

Beispiel: Schätzaufgabe 1 mit Lösungsweg — 111
Beispiel: Schätzaufgabe 2 mit Lösungsweg — 113
→ Übungsaufgaben zu Schätzungen — 114

Einstellungstests im Assessment Center — 117

→ Konzentrations- und Leistungstests — 117
→ Test zum Allgemeinwissen — 121
Lösungen zu den Leistungs- und Konzentrationsübungen — 128

Ihre Persönlichkeit: Welche Fähigkeiten und Talente haben Sie? — 133

Selbst- und Fremdeinschätzung — 133
→ Übungsaufgaben zu Ihren Soft Skills — 135
Die leistungsbezogene Selbst- und Fremdeinschätzung — 137
→ Übungsaufgaben zur leistungsbezogenen Einschätzung — 138

Selbstpräsentation — 141

Beispiel: Die gelungene Selbstpräsentation eines Studienabgängers — 143
→ Übungsaufgabe: Ihre Selbstpräsentation — 144

Interview (Einzelgespräch) — 147

→ Übungsaufgaben zu Werdegang, Lebenslauf und Profil — 147
→ Übungsaufgaben zum Thema soziale Kompetenz — 149
→ Übungsaufgaben zu Berufszielen und Motivation — 152
→ Übungsaufgaben zu Persönlichkeitsfragen — 155
→ Übungsaufgaben zu Vermutungen und (fingierten) Vorwürfen — 157
Überlegen Sie sich eigene Fragen — 158
Was können Sie gut und was weniger gut? — 159

Die Autoren — 160

Einleitung: Wie Sie dieses Buch am besten nutzen

Das Assessment Center gilt als eines der schwierigsten und härtesten Personalauswahlverfahren. Allein der Gedanke daran lässt vielen Bewerbern einen kalten Schauer über den Rücken laufen. Dabei muss das gar nicht sein, denn eine gute und intensive Vorbereitung ist hier mehr als die halbe Miete. Bedenken Sie auch: Wenn Sie zu einem Assessment Center eingeladen werden, haben Sie schon einen großen Teilerfolg zu verbuchen, denn Sie haben den potenziellen Arbeitgeber durch Ihre Bewerbung von Ihren fachlichen Qualifikationen überzeugen können. Sinn und Zweck des Assessment Centers ist es nun, dass er Ihre Stärken und sozialen Kompetenzen näher kennenlernt, um sie mit seinen Anforderungen abzugleichen.

Mit diesem Buch helfen wir Ihnen, sich gründlich auf das Kommende vorzubereiten. Sie finden hier zahlreiche Übungsaufgaben, wie sie im Assessment Center auftreten, zum Beispiel:

- Postkorbübungen
- Business Case Studys
- Gruppendiskussionen
- Konzentrations- und Leistungstests
- Selbstpräsentation

Sie finden jeweils Beispiele, Lösungsansätze und -tipps, die Ihnen zeigen, wie das Prinzip funktioniert. Ganz bewusst haben wir die Übungen zu Ihrer eigenen Person und das Interview ans Ende des Buchs gestellt. Sie haben sich zwar im Lauf Ihrer Bewerbungsphase sicherlich Gedanken über Ihre Hard und Soft Skills, Ihre Stärken und Schwächen gemacht. Doch wir gehen davon aus, dass Sie noch einiges über sich herausfinden werden, während Sie die Übungen machen, was Sie zusätzlich in Ihrer Selbstpräsentation oder bei Interviewfragen verarbeiten können. Und last but not least verstehen wir diese Übungen als letzte, aber intensive und persönliche Vorbereitung für Ihren Auftritt im Assessment Center. Nehmen Sie sich daher genügend Zeit, um sich auf diese Aufgaben vorzubereiten, denn sie gelten als überaus wichtige und aussagekräftige Bestandteile des Assessment Centers.

Mehr Informationen zu unseren Bewerbungsbüchern finden Sie unter: www.haufe.de/bewerbung.

Wir wünschen Ihnen viel Erfolg!

Jasmin Hagmann und Christoph Hagmann   Eichenried im April 2011

Was kommt im Assessment Center auf mich zu?

Jedes Unternehmen gestaltet sein Auswahlverfahren selbst und stellt die Aufgaben und Übungen ganz nach seinen Bedürfnissen zusammen. In der Regel werden ein bis zwei Tage für ein Assessment Center veranschlagt, der Trend geht jedoch eindeutig zu eintägigen Auswahlverfahren.

Zu den Aufgaben und Übungen, die in Assessment Centern am häufigsten vorkommen, gehören die Gruppendiskussionen sowie die sogenannte Selbstpräsentation, bei der sich die Bewerber kurz vorstellen. Auf den weiteren Plätzen folgen Rollenspiele, Fallstudien (Business Case Studys) sowie die Postkorbübung.

Wie läuft ein Assessment Center ab?

Um Ihnen einen Eindruck zu geben, wie ein Assessment Center im Allgemeinen aufgebaut ist und wie Ihr Auswahltag aussehen kann, stellen wir Ihnen hier die Agenden von zwei unterschiedlich langen Assessment Centern vor.

Beispiel: Ablauf eines eintägigen Assessment Centers

Vormittag

8.00 Uhr	Begrüßung der Kandidaten, Vorstellung der Assessoren
8.30 Uhr	Präsentation des Unternehmens und Überblick über den Tagesablauf
9.00 Uhr	Vorstellung der einzelnen Kandidaten
9.30 Uhr	Postkorbübung
10.30 Uhr	Kaffeepause
11.00 Uhr	Gruppendiskussion mit anschließender Präsentation der Ergebnisse
12.30 Uhr	Mittagspause

Nachmittag

13.30 Uhr	Fallstudie mit anschließender Präsentation
15.30 Uhr	Rollenspiele in kleinen Gruppen
16.30 Uhr	Kaffeepause

Verabschiedung aller Kandidaten, die bislang nicht überzeugen konnten

17.00 Uhr	Einzelgespräche, Interviews
19.00 Uhr	Feedbackgespräche

Gegen 20.00 Uhr: Ende der Veranstaltung

Beispiel: Ablauf eines zweitägigen Assessment Centers

1. Tag

Vormittag

8.00 Uhr	Begrüßung der Kandidaten, Vorstellung der Assessoren
8.30 Uhr	Präsentation des Unternehmens und Überblick über den Ablauf des Assessment Centers
9.00 Uhr	Vorstellungsrunde der einzelnen Kandidaten
9.30 Uhr	Gruppenarbeit: Case Study
10.30 Uhr	Kaffeepause
11.00 Uhr	Ergebnispräsentation der Case Studys
12.00 Uhr	Mittagspause

Nachmittag

13.00 Uhr	Gruppe 1: Selbsteinschätzung
	Gruppe 2: Einzelinterviews
14.30 Uhr	Gruppe 1: Einzelinterviews
	Gruppe 2: Selbsteinschätzung
16.00 Uhr	Kaffeepause
16.30 Uhr	Konstruktionsübung, danach Präsentation der Ergebnisse
18.00 Uhr	Gruppendiskussion zu einem allgemeinen Thema

Gegen 20.00 Uhr: gemeinsames Abendessen, Ausklang des ersten Tages gegen 23.00 Uhr

2. Tag

Vormittag

7.30 Uhr	Gemeinsames Frühstück
8.00 Uhr	Postkorbübung
10.00 Uhr	Kaffeepause
10.30 Uhr	Einzelübung: Case Study
12.30 Uhr	Mittagspause

Nachmittag

13.00 Uhr	Gruppe 1: Konzentrationsaufgaben
	Gruppe 2: Rollenspiele
14.30 Uhr	Gruppe 1: Rollenspiele
	Gruppe 2: Konzentrationsaufgaben
16.00 Uhr	Kaffeepause
16.30 Uhr	Präsentationsübung zu einem vorgegebenen Thema
18.00 Uhr	Einzelinterviews und Feedbackgespräche

Gegen 19.30 Uhr: Ende der Veranstaltung

Wer sitzt in der Jury und was genau tut sie?

Während Sie bei den einzelnen Übungen und Aufgaben Ihr Bestes geben, werden Sie von sogenannten Assessoren oder Juroren genau beobachtet. Meist handelt es sich bei diesen Beobachtern um Mitarbeiter des Unternehmens, in einigen Fällen werden aber auch externe Personalberater oder Psychologen hinzugezogen. Die Mitglieder der Jury sind meist erfahrene Personalprofis. Bedenken Sie aber, dass auch sie nur Menschen sind und trotz aller Bestrebungen zur Objektivität ihrer subjektiven Einschätzung unterliegen. Auch ihnen werden sicherlich Wahrnehmungs- und Bewertungsfehler unterlaufen.

Versuchen Sie vom ersten Augenblick an offen und freundlich zu sein. Der erste Eindruck ist entscheidend und prägt – wenn auch unbewusst – oft genug die Beurteilung während des gesamten Assessment Centers. Denken Sie auch daran, dass Sie nicht nur während der Übungen von den Assessoren beobachtet und beurteilt werden. Rechnen Sie damit, dass Sie den Beobachtern überall begegnen können:

- Vor dem Assessment Center (etwa in der Tiefgarage)
- In den Kaffee- und Ruhepausen, in Raucherpausen
- Während Leerlaufzeiten
- Während Frühstück, Mittagessen oder Abendessen
- Während Ihrer Vorbereitungszeit auf einzelne Aufgaben
- Während der Präsentationszeit anderer Kandidaten

Wie kann ich mich aufs Assessment Center vorbereiten?

Es mag ein Widerspruch in sich sein: Einerseits wünschen sich viele Arbeitgeber, sie hätten im Assessment Center unvorbereitete Kandidaten vor sich, um tatsächlich deren Fähigkeiten testen zu können. Andererseits erwarten die Unternehmen, dass sich die Bewerber vorbereiten. Kandidaten, die dies nicht tun, hinterlassen bei den Beobachtern den Eindruck, ihnen fehle nicht nur die notwendige Motivation, sondern auch berufliche Weitsicht, Reife und Ernsthaftigkeit. Die Vorbereitung auf ein Assessment Center sollte sich jedoch nicht nur darauf beschränken, eine Übung nach der anderen zu absolvieren. Viele Unternehmen erwarten inzwischen, dass sich die Bewerber auch mit dem Unternehmen selbst auseinandersetzen.

12

Postkorbübungen

Postkorbübungen simulieren eine Situation, in der Sie in einem zeitlich eng bemessenen Rahmen Vorgänge beurteilen, Entscheidungen treffen und Aufgaben erledigen oder delegieren müssen. Die Rahmenbedingungen sind erschwert. Ihnen stehen oft keine Mitarbeiter zur Verfügung, Telefon oder Internet funktioniert nicht und Ihr Handy hat keinen Empfang. Vor Ihnen türmen sich Briefe, Faxe, E-Mails und telefonische Nachrichten auf, die unbedingt abgearbeitet werden müssen, obwohl Sie bereits auf dem Sprung zu einer Geschäftsreise oder dergleichen sind.

DARAUF ACHTEN DIE JUROREN

Die folgenden Eigenschaften werden mit der Postkorbübung auf den Prüfstand gestellt:

- Kombinationsfähigkeit
- Ausdauer
- Analysefähigkeit
- Belastbarkeit, Stressverhalten
- Zeitmanagement
- Delegationsfähigkeit
- Selbstorganisation
- Organisationsfähigkeit
- Koordinationsfähigkeit
- Problemlösungsfähigkeit
- Führungsstil, Führungsqualitäten
- Risikobereitschaft
- Entscheidungsfähigkeit
- Übersicht, Überblick

So lösen Sie Postkorbübungen

Wenn Sie an Postkorbübungen herangehen, ist es wichtig, nicht blindlings loszulegen. Nehmen Sie sich die Zeit, sich einen Überblick zu verschaffen, die einzelnen Positionen zu erfassen und zu kategorisieren. Achten Sie dabei auf mögliche Verknüpfungen. Um den Überblick nicht zu verlieren, erstellen Sie währenddessen einen Terminkalender, in den Sie sämtliche Termine und Aufgaben eintragen. Teilen Sie den einzelnen Positionen dann eine Dringlichkeitsstufe zu. Diese Stufen könnten wie folgt charakterisiert sein.

- Stufe 1: sehr wichtig oder dringend, muss sofort erledigt, verschoben oder delegiert werden
- Stufe 2: wichtig, aber es besteht kein dringender Handlungsbedarf
- Stufe 3: weniger wichtig beziehungsweise nicht dringend, sollte aber erledigt, verschoben oder delegiert werden
- Stufe 4: unwichtig beziehungsweise hier besteht kein Änderungs- oder Handlungsbedarf

Prüfen Sie dann,

- welche Aufgaben Sie selbst erledigen und welche Entscheidungen Sie selbst treffen müssen und
- welche Sie an Ihre Mitarbeiter oder andere Personen delegieren können.

Ihr Terminkalender könnte dann so aussehen:

Datum	Termin, Aufgabe, Entscheidung	Dringlichkeit	Zuständigkeit
Do 20.12	Termin 1	Stufe 2	Mitarbeiter 1
	Entscheidung 1	Stufe 1	Ich
Fr 21.12	Aufgabe 1	Stufe 3	Mitarbeiter 2
	Termin 2	Stufe 4	Ohne Folgen

Notieren Sie zu jedem Termin, jeder Mitteilung, Aufgabe oder Position, wie Sie vorgehen werden und wer die Angelegenheit erledigen soll. Denkbar wäre auch, eine weitere Spalte einzufügen, um zu vermerken, ob Handlungsbedarf besteht (siehe Postkorbübung 2).

Beispiele für eine Postkorbübung

Postkorbübung 1

Arbeitsanweisung: Bitte lesen Sie die Situationsbeschreibung aufmerksam und arbeiten Sie alle Mitteilungen und Vorgänge sorgfältig ab. Treffen Sie Entscheidungen, delegieren Sie und lassen Sie Termine vereinbaren oder verschieben. Falls Sie eine Dienstreise planen, veranlassen Sie bitte alle notwendigen Vorkehrungen. Bitte geben Sie alle von Ihnen angefertigten schriftlichen Unterlagen und Notizen mit ab.

Bearbeitungszeit: 1 Stunde, beginnt mit der Austeilung der Unterlagen

Situationsbeschreibung

Heute ist Donnerstag, 20. Dezember, 17.30 Uhr. Sie sind Annie Haber-Trinkmann, 41 Jahre alt, verheiratet, haben zwei Kinder und leben in München. Sie kommen gerade von einem Kundentermin zurück ins Büro, um noch einige Dinge zu erledigen. Sie waren gestern Nachmittag um 15.00 Uhr zum letzten Mal im Büro. Ihren Blackberry haben Sie gestern aus Versehen dort liegen lassen, Sie haben also erst jetzt wieder Zugang zu Ihrer Handy-Mailbox und Ihren E-Mails.

Sie leiten eine Marketing-Agentur in unmittelbarer Nähe des Englischen Gartens, die Sie vor einigen Jahren aufgebaut haben. Sie haben keine gleichberechtigten Partner, aber einen Mitarbeiter Ihres Vertrauens (Alex Jüttner), der Sie auch bei wichtigen Terminen und Meetings vertreten kann. Die Belegschaft der Agentur ist inzwischen auf zwölf Mitarbeiterinnen und Mitarbeiter angewachsen, die Frauen sind in der Überzahl. Sie haben eine Sekretärin (Sylvia Panger), die Ihnen zahlreiche administrative Aufgaben abnimmt, sich um Ihren Terminkalender kümmert und Ihnen lästige Termine vom Hals hält. Zudem haben Sie eine persönliche Assistentin, Frau Charlotte Glund, die Ihnen für alle fachlichen Belange zur Verfügung steht. Sie hat vor drei Monaten ihren Hochschulabschluss absolviert. Sie lernt schnell und gerne und Sie schätzen ihr Engagement, ihre Arbeitsweise und ihre Ergebnisse.

Vor wenigen Wochen haben Sie einen neuen Kunden (gotex) aus den USA gewinnen können, der nach Deutschland expandieren möchte. Sie sollen das Marketing für die Markteinführung übernehmen. Es ist Ihr bislang größter und lukrativster Auftrag. Sie sind sehr stolz darauf und hoffen, mehr internationale Kunden gewinnen zu können.

Im Büro wartet eine PowerPoint-Präsentation Ihrer Assistentin auf Sie, die Sie bis spätestens morgen früh gelesen haben müssen, damit Ihre Änderungswünsche noch berücksichtigt werden können. Im Büro selbst treffen Sie nur die Reinigungskräfte und ein paar Möbelpacker an. Ihre Agentur wächst und zieht zum 1. Januar in ein größeres Büro. Bis zum 27. Dezember muss alles gepackt sein, damit ein Malertrupp die Wände streichen und die Kratzer und Schrammen an Tür- und Fensterrahmen ausbessern kann. Ihre Mitarbeiter sind für ihre Arbeitsunterlagen sowie ihre persönlichen Dinge selbst zuständig, die Möbel und PCs sowie fertig verpackte und beschriftete Kartons werden von einer Umzugsfirma ab- und aufgebaut beziehungsweise mitgenommen. Sie selbst sind noch nicht dazu gekommen, Ihre Unterlagen einzupacken. Übergabe der Räumlichkeiten ist am 31. Januar um 8.00 Uhr.

Sie sind seit heute Morgen 5.00 Uhr auf den Beinen, haben einige Kundentermine und eine anstrengende Verhandlung hinter sich und den ganzen Tag nur ein Sandwich und einen Kaffee im Vorbeigehen zu sich genommen. Jetzt haben Sie Hunger.

Ihr Mann ist Oberarzt an einer kleinen privaten Klinik in der Innenstadt. Zurzeit hat er seinen letzten 24-stündigen Bereitschaftsdienst für dieses Jahr und ist dementsprechend schwer zu erreichen. Sie können ihm lediglich auf die Mailbox sprechen.

Ihr Sohn Jannik ist neun Jahre und besucht die nahegelegene Grundschule, die zehn Minuten Fußweg oder vier Minuten Fahrtzeit mit dem Auto von Ihrer Agentur entfernt liegt. Sie liefern Ihren Sohn jeden Morgen an der Schule ab. Sein Schulweg dauert 20 Minuten zu Fuß. Er ist schüchtern, aber intelligent und hat in der Schule bislang keine Probleme. Heute Abend um 19.00 Uhr wird er im Weihnachtskrippenspiel die Rolle des Josef übernehmen und ist natürlich entsprechend aufgeregt. Ihre 14-jährige Tochter Lina besucht das Gymnasium. Die Schule ist eine Viertelstunde mit dem Fahrrad von der Agentur entfernt, der Weg führt durch bewohntes Gebiet.

Auf Ihrem Schreibtisch finden Sie folgende Briefe, Mails, Anrufe und Notizen. Außerdem liegt hier ein Stapel privater Post vom Vortag, den Sie mit ins Büro genommen haben, da Sie zu Hause keine Zeit hatten, ihn zu bearbeiten. Und Ihr Anrufbeantworter auf dem Schreibtisch blinkt.

Mitteilung 1

Nachricht auf dem Anrufbeantworter, heute 13.51 Uhr

Hallo Schatz, ich weiß leider nicht, ob es mir zur Vorstellung von Jannik reicht. Hier ist mal wieder die Hölle los, ein Notfall nach dem anderen. Rechne also nicht mit mir. Wir sehen uns heute Abend und wünsch Jannik viel Glück von mir. Bis später. Ach ja, Janniks Klassenlehrerin hat mich heute angerufen, sie möchte nach der Aufführung – so gegen 21.00 Uhr – kurz mit uns sprechen. Kannst Du Dir das bitte vormerken? Ich werde natürlich versuchen, da zu sein.

Mitteilung 2

E-Mail von Ihrer Schwester in Ihrem Postfach, Eingang heute 15.03 Uhr

Hallo Annie,

Du, ich würde jetzt doch über Weihnachten kommen. Außerdem ist München ja immer für ein Weihnachtsshopping gut. Ich hoffe, wir können am Samstag so richtig losziehen und es uns gutgehen lassen. Wäre schön, wenn Du mich morgen Nachmittag am Flughafen abholen könntest. Lande irgendwann um 17.00 Uhr, vielleicht auch halb sechs. Da muss ich erst noch nachschauen.

Freue mich, bis morgen. Küsschen

Amelie

Mitteilung 3

E-Mail vom Rechtsanwalt

Verehrte Annie,

In der Eile scheinst Du vergessen zu haben, den Vertrag zu unterschreiben. Ich benötige Deine Unterschrift aber im Original. Komm doch morgen kurz auf einen Kaffee zu mir in die Kanzlei, sind ja nur zwei Straßen :-)

Der Vertrag muss spätestens Montag früh um 8.00 Uhr in Hamburg sein.

Grüße

Thomas

Mitteilung 4

E-Mail eines Kunden, Mittwoch 18.32 Uhr

Hallo Frau Haber-Trinkmann,

Ich habe mir soeben Ihre Vorschläge für die Promotion-Tour angesehen, mit einigen Punkten bin ich nicht ganz glücklich. Da die Zeit jedoch drängt und die Einladungen nun endlich raus sollten, würde ich vorschlagen, wir treffen uns heute Abend noch oder morgen im Lauf des Vormittags. Die Einladungen sollten morgen Nachmittag unbedingt in Druck gehen, damit sie abends noch in die Post kommen. Immerhin sind einige eingespannte, aber wichtige Gäste auf der Einladungsliste. Ich würde mich doch sehr ärgern, wenn diese aus zeitlichen Gründen oder terminlichen Überschneidungen nicht zusagen könnten.

Bitte rufen Sie mich so schnell wie möglich auf meinem Handy an.

Grüße

Karsten Garstner

Mitteilung 5

Brief der Umzugsfirma

Sehr geehrte Frau Haber-Trinkmann,

hiermit bestätigen wir Ihren Auftrag. Wir werden am Montag, den 27. Dezember 2007 um 7.00 Uhr mit dem Ausräumen der Räume beginnen, damit die von Ihnen bestellten Maler pünktlich um 14.00 Uhr mit ihren Arbeiten beginnen können.

Anbei finden Sie unsere Rechnung, die wir noch dieses Jahr ausstellen müssen. Wir bitten um Ausgleich in den kommenden acht Tagen.

gez. Movement GmbH

Günther Haller

Beispiele für eine Postkorbübung

Mitteilung 6

Notiz aus der Buchhaltung

Hallo Annie,

Minderheim macht mal wieder Ärger, können den Zahlungsplan nicht einhalten, da ihnen ein Kunde abgesprungen ist. Minderheim will unbedingt mit Dir sprechen, um die Zahlungsmodalitäten zu ändern. Die Rechnungen von Oktober und November sind übrigens auch noch offen.

Noch was: Stimmt es eigentlich, dass Frau Panger über Weihnachten nach Brasilien geht? Bleibt dann die ganze Arbeit an mir hängen?

gez. Julia

Mitteilung 7

Das Telefon klingelt, 17.51 Uhr

Ihre Tochter ist ganz aufgelöst am Apparat. Sie hat mit ihrem Fahrrad soeben ein parkendes Auto nahe des Englischen Gartens angefahren. Weit und breit sei niemand zu sehen. Sie weiß nicht, was sie tun soll, denn einfach weiterzufahren wäre ja strafbar. Es ist dunkel und sie hat Angst, alleine auf den Besitzer des Wagens zu warten. Weinend bittet sie Sie, zum Unfallort zu kommen und mit ihr auf den Fahrer zu warten.

Mitteilung 8

E-Mail von Herrn Tischer, MLP-Berater

Hallo Frau Haber-Trinkmann,

ich wollte den Termin morgen Mittag um 13.30 Uhr noch einmal bestätigen und Sie daran erinnern, dass zum Jahresende gewisse Steuervorteile auslaufen. Es wäre also gut, wenn wir den Termin morgen tatsächlich wahrnehmen könnten.

Beste Grüße

Thomas Tischer

Mitteilung 9

Eintragung im Terminkalender

Freitag, 20. Dezember, 20.00 Uhr, Hotel Adler

Vortrag bei Women for Business zum Thema „Frauen in der Werbebranche"

Mitteilung 10
Mündliche Nachricht auf Ihrer Mailbox von Frau Panger, heute 15.16 Uhr

Habe Sie mal wieder nicht auf dem Handy erreichen können. Es gibt wohl Ärger mit gotex. Herr Built hat angerufen und darauf bestanden, Sie noch diese Woche zu sehen, irgendetwas im Vertrag gefällt ihm nicht. Ein Telefonat scheint ihm nicht zu genügen. Sie sollen umgehend nach New York kommen, sonst will er die Sache platzen lassen. Ich habe Ihnen vorsorglich einen Flug morgen früh um 6.55 Uhr über Frankfurt nach JFK gebucht, Samstagabend 17.45 Uhr zurück. Früher war leider nichts frei. Die Akte sowie alle Unterlagen und das Ticket liegen auf Ihrem Schreibtisch. Pass nicht vergessen. Ist übrigens ein Eco-Flex-Ticket, Sie können also nach Belieben umbuchen. Business war leider nicht mehr frei, Sie sind aber auf der Warteliste.

Mitteilung 11
Notiz von Frau Panger

Kann ich morgen freimachen? Meine Tochter kommt aus Brasilien und ist nur wenige Tage im Lande. Ich werde dafür am zweiten Feiertag packen. Sie sind wahrscheinlich eh in New York. Julia und Charlotte haben versprochen zu übernehmen, falls es doch irgendwelche Probleme geben sollte.

Sehen uns heute wohl nicht mehr, bin aber auf meinem Handy erreichbar.

Wünsche viel Spaß auf dem Weihnachtskonzert

Sylvia

Mitteilung 12
Telefonische Nachricht Ihres Fleischers Herr Walther, 11.21 Uhr

Verehrte Frau Haber-Trinkmann,

mit Bedauern muss ich Ihnen mitteilen, dass wir das von Ihnen für Weihnachten bestellte Lamm nicht liefern können. Es tut mir sehr leid, aber unser Lieferant, ein ansonsten sehr zuverlässiger Mann, hat leider Lieferschwierigkeiten. Ich kann Ihnen jetzt keine Alternative anbieten, da ich auf die Schnelle keinen anderen Lieferanten finde, der zudem noch die hohen Qualitätsansprüche meiner Kunden erfüllt. Wir können daher nur auf Rind oder Wild ausweichen.

Bestellungen für Wild benötige ich allerdings bis 11.00 Uhr morgen Vormittag. Und bitte vergessen Sie nicht, dass wir am Heiligen Abend nur bis 12.00 Uhr geöffnet haben. Besten Dank.

Mitteilung 13
E-Mail von Charlotte

Hallo Annie, ich muss dringend mal mit Dir reden, es geht um etwas „Halbberufliches". Wann hast Du mal eine halbe Stunde Zeit?

Grüße Charlotte

Mitteilung 14

Auf Ihrem Schreibtisch steht ein Präsentkorb, den Sie noch vor Weihnachten als Dankeschön an die Chefin einer Event-Agentur persönlich vorbeibringen möchten. Die Agentur befindet sich 15 Minuten mit dem Auto von Ihrem Büro entfernt, liegt jedoch nicht auf dem Weg zur Schule Ihres Sohnes.

Notiz von Frau Panger: Der Korb ist gekommen. Ich habe eine Karte dazugelegt, Sie müssen nur noch unterschreiben und sich ein paar persönliche Worte einfallen lassen. Habe mit Frau Liehn gesprochen, dort wird immer bis mindestens 20.00 Uhr gearbeitet, Heiligabend sind sie dafür nicht im Büro.

Mitteilung 15

Fax der BMW-Niederlassung München

Betreff: Ausstattung Dienstwagen

Sehr geehrte Frau Haber-Trinkmann,

Sie wollten sich bis gestern wegen der Ausstattung Ihres BMW X3 melden. Offen waren noch die Punkte Klimaanlage und Navigationssystem. Um die Bestellung abschließen und das Fahrzeug auch im Mai ausliefern zu können, benötige ich die fehlenden Daten bis Ende des Jahres.

Besinnliche Festtage

gez. Schneider, Niederlassung München

Mitteilung 16

Brief von Herrn Ast, Mitarbeiter der Firma KlickMaus

Sehr geehrte Frau Haber-Trinkmann,

anbei nun unser Angebot für Ihre Anfrage „Ausstattung der neuen Büroräume". Bitte verstehen Sie mich nicht falsch, aber die „bloße" Installation Ihrer bisherigen Computer lohnt sich für beide Seiten nur bedingt. Wir haben uns vergangene Woche Ihre Arbeitsgeräte angesehen und festgestellt, dass einzelne Rechner schon fast vier Jahre alt, damit „veraltet" sind und Ihnen das Leben nur schwermachen werden. Neue Geräte ließen sich zudem problemlos abschreiben.

Wir haben Ihnen nun ein Gesamtkonzept erstellt, bei dem auch etwa 50 Prozent Ihrer alten Geräte noch einen Platz finden und nach- oder aufgerüstet werden. Jeder Arbeitsplatz hätte dann nicht nur die von Ihnen angefragte Leistungskapazität, sondern auch einen Flachbildschirm und einen eigenen leistungsstarken Rechner sowie Zugriff auf einen leistungsstärkeren Server samt Netzwerk. Sie können dann bei Bedarf auf dessen Arbeitsspeicher und Speicherkapazitäten zugreifen. Der Austausch von Arbeitsmaterialien zwischen Ihren Mitarbeitern funktioniert dann bitzschnell und sicher ohne mobiles Speichermedium.

Je Arbeitsplatz berechnen wir im Gesamtpaket 1.160 Euro inklusive Bildschirm, Einrichtung und aller Hardware. Wartung und Reparatur (für ein Jahr) sind ebenfalls inklusive, zudem die Einrichtung der gesamten Telefon- und Internetanlage. Die weiteren Wartungskosten belaufen sich auf 70 Euro je Arbeitsplatz.

Sollten wir den Auftrag noch dieses Jahr erhalten, geben wir Ihnen einen Preisnachlass von 9,6 Prozent. Für die Installation Ihrer alten Geräte an sämtlichen Arbeitsplätzen inklusive Telefon und Internet berechnen wir 132 Euro.

Ich hoffe, wir kommen ins Geschäft, herzliche Grüße

Joachim Ast

Mitteilung 17

E-Mail von Charlotte, gestern 18.00 Uhr

Hallo Annie,

hast Du schon entschieden, ob Du mir das Budget für das Konzept „Quatmeier" erhöhen kannst? Ich habe da ein paar wirklich gute Ideen, mit denen wir den Auftrag sicher kriegen.

Charlotte

Mitteilung 18

Telefonische Mitteilung auf Ihrem Anrufbeantworter, gestern 17.33 Uhr

Hallo Frau Haber-Trinkmann,

ich wollte nur schnell Bescheid geben, dass die Bilder jetzt fertig sind, auch gerahmt. War ein wenig stressig die letzten Tage, aber da sie ja noch unter den Christbaum sollen, haben wir einiges möglich gemacht. Sie können die Bilder bis Samstag 12.00 Uhr abholen, Montag haben wir geschlossen. Wünsche noch einen besinnlichen Advent.

In diesem Sinne Grüße vom Fotostudio Haller.

Mitteilung 19

E-Mail der Innenarchitektin, die das neue Büro gestaltet und einrichtet

Frau Haber-Trinkmann,

leider habe ich noch keine Rückmeldung wegen der Wandfarbe und des Teppichbodens. Wenn Sie tatsächlich in der ersten Januarwoche einziehen wollen, müssen wir schleunigst ein paar Entscheidungen treffen.

Bitte melden Sie sich so schnell wie möglich bei mir, wir sollten zumindest die Wandfarbe und die Gestaltung der Wände und Decken festlegen, damit die Maler nach Weihnachten mit ihrer Arbeit beginnen können.

Grüße

Juliane Reiter

P.S.: Die Maler brauchen im bisherigen Büro wohl um die vier Stunden. Ich würde vorschlagen, wir treffen uns zur Übergabe vor Ort.

Mitteilung 20

Nachricht auf Ihrer Handy-Mailbox

Hallo Annie,

ich habe mich schlau gemacht. Wirklich gute Navigationsgeräte kriegst Du für rund 500 Euro. Die haben auch eine hervorragende Karte, sind aber eben nicht ins Auto integriert. Das bedeutet, dass bei Dir immer irgendwelche Kabel im Auto hängen werden. Überleg's Dir. Wenn es ein Dienstwagen ist, würde ich ein installiertes Navi nehmen.

Grüße

Harald

Mitteilung 21

Fax der Firma PC-friend

Hallo Frau Haber-Trinkmann,

wir können Ihnen folgendes Angebot gemäß Ihrer Anfrage unterbreiten:

13 PC-Anlagen je 920,00 Euro

13 Installationen inklusive Telefon und Internet je 57,00 Euro

Wartungsvertrag: 3.845,00 Euro je Jahr

Alle Preise zuzüglich Mehrwertsteuer

Wir freuen uns auf Ihren Auftrag.

MfG, Klausner

Mitteilung 22

E-Mail von einem wichtigen Kunden, heute 16.34 Uhr

Verehrte Geschäftspartner,

wie Sie ja schon aus der Vergangenheit wissen, sind wir keine Freunde von Weihnachtsfeiern. Deshalb wird es auch heuer wieder eine Jahresabschlussfeier geben, zu der wir hiermit feierlich einladen.

Gefeiert wird am 28. Dezember ab 18.00 Uhr im Spiegelzelt.

Wir freuen uns auf Ihren Besuch und eine gute Zusammenarbeit im kommenden Jahr.

Lösungsvorschlag

So könnte Ihr Terminkalender zu den einzelnen Mitteilungen und Aufgaben aussehen, nachdem Sie die Übung bearbeitet haben:

Datum	Termin	Dringlichkeit	Zuständigkeit
Do 20.12.	Meeting/Telefonat Kunde Garstner	Stufe 2	Jüppner
	Entsprechende Telefonate mit beiden	Stufe 1	Ich
	18.45 Uhr: Vertragsunterzeichnung bei Rechtsanwalt	Stufe 1	Ich
	19.00 Uhr: Weihnachtsaufführung Schule	Stufe 1	Ich
	Bis 20.00 Uhr: Abgabe Präsentkorb	Stufe 2	Charlotte am Freitag
	21.00 Uhr: Termin mit der Lehrerin	Stufe 1	Ich
	Ab 23.00 Uhr: PowerPoint-Präsentation überarbeiten	Stufe 1	Ich
Fr 21.12.	6.55 Uhr: Abflug nach New York	Stufe 1	Ich
	Vormittags: Innenarchitektin wegen Raumgestaltung	Stufe 1	Team
	Bis 11.00 Uhr: Fleisch bestellen	Stufe 3	Ehemann
	13.30 Uhr: MLP-Berater, Tischer	Stufe 2	Panger: verschieben
	14.00 Uhr: Treffen mit Herrn Built, gotex	Stufe 1	Ich
	20.00 Uhr: Vortrag bei „Women for Business"	Stufe 3	Panger: absagen, evtl. Charlotte
	Abends: Schwester Amelie am Flughafen, soll sich ein Taxi nehmen	Stufe 4	Amelie
Sa 22.12.	Bis 12.00 Uhr: Bilder holen	Stufe 3	Ehemann
	Abends: Rückflug New York-München	Stufe 1	Ich
So 23.12.			
Mo 24.12.	Bis 12.00 Uhr: Fleisch beim Metzger holen	Stufe 3	Ehemann oder ich
Di 25.12.	Weihnachten		
Mi 26.12.	Weihnachten		
Do 27.12.	7.00 Uhr: Umzugsfirma räumt Agentur aus	Stufe 4	Ohne Folgen
	14.00 Uhr: Maler kommen und streichen	Stufe 4	Ohne Folgen
Fr 28.12.	18.00 Uhr: Abnahme der Malerarbeiten	Stufe 2	Jüttner oder ich
	18.00 Uhr: Jahresabschlussfeier Kunde	Stufe 2	Jüttner oder ich
Sa 29.12.			
So 30.12.			
Mo 31.12.	8.00 Uhr: Übergabe Räumlichkeiten und Schlüssel	Stufe 2	Ich
	Im Anschluss: evtl. Gespräch mit Charlotte		

Die dazugehörigen Notizen zu den einzelnen Mitteilungen und Aktionen könnten folgendermaßen aussehen:

Aktion 1

Ich bestelle mir bei einem Lieferservice telefonisch schnell etwas zu essen und zu trinken.

Mitteilung 1

Ich muss eine halbe Stunde länger einplanen, um nach Ende der Veranstaltung mit der Lehrerin meines Sohnes zu sprechen.

Von meiner ungeplanten und kurzfristigen Geschäftsreise werde ich meinem Mann heute Abend berichten.

Mitteilung 2

Schreibe meiner Schwester eine E-Mail und teile ihr mit, dass ich kurzfristig nach New York muss und erst am Sonntag zurück sein werde. Ich kann sie also nicht vom Flughafen abholen und am Samstag keine Weihnachtsshopping-Tour mit ihr starten. Falls sie uns dennoch besuchen kommen möchte, ist sie herzlich eingeladen, soll sich aber bitte ein Taxi vom Flughafen nehmen.

Mitteilung 3

Rufe in der Rechtsanwaltskanzlei an und vereinbare, dass ich gegen 18.45 Uhr vorbeikomme, um den Vertrag zu unterzeichnen. Die Einladung zum Kaffee verschiebe ich ins neue Jahr.

Mitteilung 4

Ich rufe Herrn Jüttner auf dem Handy an und bespreche mit ihm die Lage. Er soll sich morgen früh um 8.00 Uhr mit dem Kunden treffen. Dann melde ich mich beim Kunden und verspreche ihm, dass sich mein geschätzter und fähiger Kollege Herr Jüttner morgen früh um 8.00 Uhr mit ihm zusammensetzen wird, um noch ein paar Änderungen vorzunehmen.

Eine separate Notiz über die Absprache mit dem Kunden geht an Herrn Jüttner.

Mitteilung 5

Terminerinnerung der Umzugsfirma sowie der Maler nehme ich zur Kenntnis und vermerke die Daten im Terminkalender.

Frau Panger gebe ich die Anweisung zur Überweisung der Rechnung, allerdings erst wenn die Leistung erbracht wurde.

Mitteilung 6

Ich schreibe meiner Sekretärin eine Notiz, dass sie für Anfang Januar einen Termin mit Herrn Minderheim ausmachen soll, um die Zahlungsmodalitäten abschließend zu klären.

Gleichzeitig bitte ich meine Sekretärin, Julia von der Buchhaltung auf den neusten Stand der Dinge zu bringen.

Mitteilung 7

Ich beruhige meine Tochter am Telefon und versichere ihr, dass ich mich um die Sache kümmere. Ich lasse mir von ihr das Autokennzeichnen nennen und den genauen Hergang schildern und bitte sie, mit ihrem Handy ein Foto vom Schaden zu machen. Schließlich sage ich ihr, dass sie – wie geplant – auf direktem Weg in die Agentur kommen soll.

Schließlich rufe ich bei der Polizeidienststelle an, schildere den Sachverhalt, hinterlasse unsere Personalien und das Kennzeichen des angefahrenen Autos.

Mitteilung 8

Schreibe eine Notiz an Frau Panger. Soll den Termin beim MLP-Berater absagen und einen neuen am 27. Dezember gegen 9.00 Uhr ausmachen, während oder nachdem die Agentur ausgeräumt wird beziehungsweise wurde.

Mitteilung 9

Notiz an Frau Panger, dass ich den Termin bei den „Women for Business" nicht persönlich wahrnehmen kann. Sie soll vor der Terminabsage jedoch mit Charlotte sprechen, vielleicht will sie meinen Vortrag zumindest vorlesen.

Mitteilung 10

Notiz an Frau Panger: Danke für die vorsorgliche Buchung. Werde tatsächlich morgen früh fliegen.

Anruf bei Herrn Built: Teile ihm mit, dass ich ihm morgen ab 14.00 Uhr in New York zur Verfügung stehe.

Mitteilung 11

Rufe Frau Panger an und teile ihr mit, dass sie freimachen kann, wenn tatsächlich alles geregelt ist.

Mitteilung 12

Spreche meinem Mann vorsichtshalber auf die Mailbox, dass er sich um das Fleisch für Weihnachten kümmern muss.

Mitteilung 13

Beantworte Charlottes E-Mail. Falls es dringend ist, kann sie gerne am Sonntag im Büro vorbeischauen. Denn dann muss ich nachmittags meine Unterlagen für den Umzug zusammenpacken.

Mitteilung 14

Notiz an Charlotte, sie möge doch bitte den Präsentkorb bei der Chefin der Agentur vorbeibringen und mich entschuldigen.

Mitteilung 15

Notiz an Frau Panger. Sie soll der Niederlassung mitteilen, dass ich mich sowohl für eine Klimaanlage als auch das integrierte Navigationssystem entschieden habe.

Mitteilung 16

Gebe dieses Angebot gemeinsam mit dem Angebot der Firma PC-friend an Herrn Jüttner weiter. Er soll beide Angebote prüfen und mir seine Überlegungen zwischen den Feiertagen mitteilen.

Mitteilung 17

Da ich Charlottes Engagement, ihre Arbeitsweise sowie ihre Arbeitsergebnisse schätze, stimme ich einer Erhöhung des Budgets zu.

Mitteilung 18

Spreche meinem Mann vorsichtshalber auf die Mailbox, dass er bis spätestens Samstag 12.00 Uhr die Bilder abholen muss.

Mitteilung 19

Teile der Innenarchitektin per E-Mail mit, dass meine Mitarbeiter morgen früh in einer Teamsitzung die Farben für die Wände und Teppiche ihrer künftigen Arbeitsräume besprechen und festlegen werden.

Notiz an Charlotte. Sie soll alle anwesenden Mitarbeiter zusammentrommeln und das Meeting leiten. Ergebnis soll sie bitte der Innenarchitektin mitteilen, gegebenenfalls soll sie sich kurz mit ihr treffen.

Mitteilung 20

Ich antworte kurz und bedanke mich.

Mitteilung 21

Siehe Mitteilung 16.

Mitteilung 22

Ich schreibe Herrn Jüttner eine Nachricht, dass er sich aussuchen darf, ob er auf die Jahresabschlussfeier oder zur Abnahme der Malerarbeiten gehen möchte.

Sonstige Mitteilungen und Notizen

- Ich sage meinem Sohn heute Abend, dass er morgen ein bisschen früher aufstehen muss, denn ich kann ihn nicht zur Schule fahren. Er muss ausnahmsweise einen Fußmarsch einplanen.
- Ich nehme die PowerPoint-Präsentation mit nach Hause und sehe sie mir heute Abend an. Meine Kommentare und Änderungswünsche schicke ich Charlotte per E-Mail.
- Meine private Post nehme ich angesichts fehlender Bearbeitungszeit wieder mit nach Hause und drücke sie meinem Mann in die Hand.

Postkorbübung 2

Arbeitsanweisung: Bitte lesen Sie die Situationsbeschreibung aufmerksam und arbeiten Sie alle Mitteilungen und Vorgänge sorgfältig ab. Treffen Sie Entscheidungen, delegieren Sie und lassen Sie Termine vereinbaren oder verschieben. Bitte geben Sie alle von Ihnen angefertigten schriftlichen Unterlagen und Notizen mit ab.

Bearbeitungszeit: 1 Stunde, beginnt mit der Austeilung der Unterlagen

Situationsbeschreibung

Sie sind Kai Walther, Assistent der Geschäftsleitung eines mittelständischen Unternehmens mit rund 180 Mitarbeitern. In der Firma herrschen amerikanische Verhältnisse: Generell wird geduzt, die Hierarchien sind aber dennoch weitgehend klar abgegrenzt.

Ihr Vorgesetzter Andreas Mitter ist Geschäftsführer des Unternehmens. Er vertraut Ihnen und Sie haben weitreichende Aufgaben und Verantwortlichkeiten. Sie haben auch Zugriff auf seinen Kalender, seine Mailboxen sowie seinen PC. Sie planen und regeln nicht nur das Tagesgeschäft, sondern leiten und organisieren mehrere Projekte sowie interne Sitzungen, erarbeiten Entscheidungsvorlagen für Andreas Mitter und erstellen Statistiken, Strategiepapiere sowie Präsentationen.

Andreas Mitter selbst fliegt gerade von München nach Hongkong, kann jeden Augenblick landen und trifft sich gegen 16.00 Uhr Ortszeit mit einem sogenannten Key-Account-Kunden, um weitere Geschäfts- und Absatzmöglichkeiten auszuloten.

Zu Ihrer Unterstützung steht Ihnen ein Pool von drei Teamassistentinnen (Anne, Jana und Pia) zur Verfügung. Sie erledigen Aufgaben für insgesamt rund 15 Mitarbeiter und Mitarbeiterinnen. Deren Kapazitäten sind also begrenzt, zumal sie sich in gewissem Umfang auch um PR- und Marketing-Aufgaben kümmern. Prinzipiell sind diese Aufgaben jedoch an eine PR- und Marketing-Agentur ausgelagert. Andreas Mitter hat zusätzlich eine Sekretärin, Tine Balder, die vor allem die Reiseplanung übernimmt sowie den Briefverkehr und andere Schreibarbeiten erledigt. Sie arbeitet Teilzeit: vier Tage die Woche jeweils vier Stunden vormittags. Dienstag ist ihr freier Tag. Zudem arbeiten drei Praktikanten im Verwaltungstrakt, die unter anderem für Recherche-Arbeiten zuständig sind.

Es ist kurz nach 9.00 Uhr und Sie befinden sich im Treppenhaus auf dem Weg zu Ihrem Büro. Normalerweise sind Sie bereits vor 8.00 Uhr im Haus, doch heute hatten Sie einen wichtigen Arzttermin und es ist später geworden, als Sie dachten. Gestern hatten Sie nachmittags und am Abend Auswärtstermine. Dabei ist Ihnen Ihr Smartphone heruntergefallen und zerbrochen. Sie konnten daher seit 17.00 Uhr weder telefonieren noch Ihre Voicebox abhören oder Ihre E-Mails checken. Ihr zweites Handy haben Sie Ihrer Freundin Ella mitgegeben, die seit gestern Abend beruflich in Spanien unterwegs ist.

Sie leben in Nürnberg, sind 29 Jahre alt und haben in knapp zwei Wochen Geburtstag. Bereits während Ihres BWL-Studiums haben Sie als Werkstudent für das fränkische Unternehmen gearbeitet und sind nach Studienende direkt dort eingestiegen. Das ist nun gut vier Jahre her. Die Aufgaben und das Umfeld gefallen Ihnen, dennoch sind Sie offen für neue Angebote, zumal sich ein berufliches Vorankommen in der jetzigen Firma schwierig gestaltet.

Sie sind Moderator der Gruppe „Assistenten unter sich" bei Xing und treffen sich jeden dritten Mittwoch ab 21.00 Uhr mit alten Studienfreunden zum Skatspielen.

Am Wochenende agieren Sie in Hamburg als Trauzeuge auf der Hochzeit Ihres besten Freundes. Damit Sie bei den letzten Vorbereitungen helfen können, haben Sie Ihrem Freund Tom und dessen Braut Meike versprochen, bereits am Donnerstag anzureisen. Ihre Freundin begleitet Sie.

In Ihrem Kalender stehen für heute und die kommenden Tage folgende Termine und Notizen.

Heute, Dienstag, 17. Mai

- 7.30 Uhr: Klinik Nürnberg, Röntgenbilder machen
- 10.30 Uhr: Termin mit Tischler wegen der neuen Tische in den Büros, Treffen im Foyer
- Hochzeitsgeschenk besorgen
- Firmenpräsentation für Messe in Frankfurt vorbereiten, Stand in Auftrag geben, Jana mit Research beauftragen
- Smoking aus der Reinigung holen, Reinigung schließt um 18.00 Uhr
- Klageschrift gegen Kunde Terzinger freigeben, Unterlagen müssen heute zum Gericht
- Patentante Jule zum Geburtstag gratulieren
- Gespräch mit Personalagentur vereinbaren wegen Neubesetzung der Personalreferentenstelle
- Johannes nach Ergebnissen der Betriebsratssitzung fragen

Mittwoch, 18. Mai

- 9.00–12.00 Uhr: Sitzung der Abteilungsleiter
- 13.00–15.00 Uhr: Treffen mit Architekten wegen Anbau Halle 3
- 16.00 Uhr: Ortstermin mit Bauamtsleiter der Stadtverwaltung wegen Werkserweiterung
- 17.00 Uhr: Interview mit der örtlichen Presse, Werkserweiterung

Donnerstag, 19. Mai

- 9.00 Uhr: Termin mit der Marketing-Agentur
- 10.00–12.00 Uhr: Sitzung der Geschäftsführung

Beispiele für eine Postkorbübung

- 13.00 Uhr: Termin mit IT-Anbieter (Clouds), Angebote anderer Anbieter einholen
- 18.00 Uhr: Ella am Münchner Flughafen treffen, landet gegen 17.30 Uhr

Auf Ihrem Tisch liegen folgende Unterlagen
- Zwei Flugtickets München–Hamburg, Hinflug Donnerstag 19.00 Uhr, Rückflug Sonntag 16.00 Uhr
- Geschäftsbericht des Unternehmens vom letzten Jahr
- Strategiepapier 2020

Mitteilung 1

Sprachnachricht auf Ihrer Voicebox, gestern 21.15 Uhr

Hallo Kai, Andreas hier. Borde gleich, aber es scheint irgendein Problem mit dem Rückflug am Mittwochabend zu geben. Melde mich, sobald ich gelandet bin.

Hat Tine dem Fahrer gesagt, dass er mich am Donnerstag gegen 6.00 Uhr am Flughafen abholen soll? Werde gegen 8.00 Uhr im Büro sein und würde dann gerne die Sachen für die Sitzung mit Dir durchgehen.

Ach noch etwas, Lars hat irgendeinen IT-Anbieter an Land gezogen, der mir am Donnerstag etwas über diese Cloud-Sache erzählen möchte. Da brauche ich noch Informationen. Halte Dir den Termin auch mal frei. Ich glaube, Lars hat 13.00 Uhr ausgemacht.

Ich konnte meine E-Mails vorhin nicht laden. Schau doch bitte nach, ob etwas Dringendes gekommen ist.

Bis dahin.

Mitteilung 2

E-Mail Ihrer Anwaltskanzlei, heute 8.10 Uhr

Hallo Kai,

scheinbar will Terzinger sich nun doch gütlich einigen. Er hat mich gerade angerufen, aber er wollte nichts über sein Angebot sagen. Er will sich mit Andreas Mitter gegen 15.00 Uhr treffen „um die Angelegenheit" aus der Welt zu schaffen. Mehr weiß ich leider auch nicht, aber ich würde nicht ganz so viel darauf geben.

Denk bitte daran, dass wir die Unterlagen beziehungsweise die Freigabe bis spätestens 16.30 Uhr brauchen.

Grüße, Leo

Mitteilung 3

SMS Ihres besten Freundes, gestern 17.21 Uhr

Kriege kalte Füße!! Kannst Du früher kommen?

Mitteilung 4

E-Mail der Marketing-Agentur „p-Brand 4 you", gestern 18.45 Uhr

Hallo Herr Walther,

danke, dass wir so kurzfristig für Donnerstag einen Termin mit Herrn Mitter und Ihnen bekommen haben. Bleibt es bei 9.00 Uhr?

Die Kampagne steht nun ja, wir müssen diese Woche nur noch die Freigabe für den Druck der Werbebroschüren bekommen. Unseren Vorschlag finden Sie im Anhang.

Uns fehlen übrigens noch die Profilbilder der Mitarbeiter, die in die Unterlagen einfließen sollen.

Außerdem haben wir uns noch nicht genau auf die Anzahl der Flyer festgelegt und welche Mitarbeiter speziell für die Messe in Frankfurt angefertigte Visitenkarten bekommen. Um Stand, technisches Equipment etc. kümmern wir uns natürlich.

Wir sehen uns Donnerstag, freundliche Grüße, Arne Ender

Mitteilung 5

E-Mail Ihres Hausarztes in Ihrer privaten Mailbox, gestern 18.20 Uhr

Hallo Herr Walther, bringen Sie morgen zu Ihrem Untersuchungstermin um 16.00 Uhr doch bitte die Röntgenaufnahmen der radiologischen Untersuchung mit.

Mit freundlichen Grüßen, Ihr Ärzteteam Dr. Lehm & Partner

Mitteilung 6

SMS Nachricht von Ihrer Freundin Ella, heute 10.25 Uhr

Hey, weißt Du, wo die Flugtickets nach Hamburg sind? E

Mitteilung 7

E-Mail in Ihrem privaten Postfach, gestern 18.41 Uhr

Hallo Herr Walther,

Herr Taschenbrenner war vom Gespräch mit Ihnen sehr angetan. Wir würden daher den Prozess gerne weiterführen. Können Sie kurzfristig in unser Münchner Büro kommen? Herr Burg würde gerne mit Ihnen sprechen. Vielleicht könnten Sie Donnerstagvormittag einrichten, gegen 10.00 Uhr?

Beste Grüße, Hans Dopper (Mitglied der Geschäftsführung)

Mitteilung 8

E-Mail in Ihrer Inbox, gestern 18.52 Uhr

Hallo Herr Walther,

leider können wir Ihnen keine Biertische für Ihre Feier liefern, sie sind alle schon anderweitig reserviert. Bleibt es dann dennoch bei den beiden Fässern, die wir Ihnen gegen 18.00 Uhr liefern sollen?

Brauchen Sie vielleicht ein Zelt, falls es regnet? Wir hätten da einige zu vermieten.

Mit freundlichen Grüßen, Getränke Schmitt

Mitteilung 9

Anruf auf Ihrer Mailbox, gestern 23.03 Uhr

Hallo Kai, ich bin's, Meike. Tom ist irgendwie komisch! Weißt Du was? Ruf mich doch bitte kurz an, ich bin mit den Nerven ganz schön runter.

Mitteilung 10

SMS von Ihrer Freundin Ella auf Ihrem Handy, gestern 17.48 Uhr

Mein Kleiderschrank gibt nichts für die Hochzeit her, muss morgen in Madrid erst mal shoppen gehen. Wieso bist Du eigentlich nicht zu erreichen? E

Mitteilung 11

E-Mail in Ihrer privaten Mailbox, gestern 19.17 Uhr

Sehr geehrter Herr Walther,

wir haben hier eine sehr interessante berufliche Herausforderung für Sie. Rufen Sie mich doch bitte zurück. Meine Nummer lautet 0911/48 48 48 48.

Beste Grüße

Ihr Rainer Schmitting

Personalberatung Fagner & Partner

Mitteilung 12

E-Mail von Rea Zinn, Ihrer Einkäuferin, heute 8.24 Uhr

Hallo Kai,

wir sollten am Donnerstag noch die aktuelle Lage auf dem Rohstoffmarkt mit auf die Tagesordnung nehmen. Die Preise sind ganz schön in die Höhe gegangen.

Grüße, Rea

Mitteilung 13

E-Mail vom Reisebüro, gestern 20.48 Uhr

Sehr geehrter Herr Walther,

wie uns das Hilton in Hongkong soeben mitteilte, scheint die Kreditkarte von Herrn Mitter abgelaufen zu sein. Wir benötigen die Daten der neuen Karte bis Mittwoch, den 18. Mai 10.00 Uhr, ansonsten storniert das Hotel die Reservierung für Herrn Mitter.

Laut unseren Recherchen ist das Hotel für die kommenden Tage komplett ausgebucht, das gilt zudem für viele weitere Hotels in der Gegend. Bitte melden Sie sich also möglichst umgehend mit den entsprechenden Informationen bei mir.

Danke, Ihre Ruth Wagner

Mitteilung 14

Handschriftliche Notiz auf Ihrem Schreibtisch

Thomas hat angerufen. Er ist krank und bittet Dich, das Strategiepapier „Zukunft 2020" mit Lennard, Gernot und Dagmar durchzugehen. Das Meeting dazu ist um 15.00 Uhr im Besprechungszimmer 4. Angesetzt sind knapp zwei Stunden. Sind Kaffee und Kuchen besorgt?

Grüße, Anne

Mitteilung 15

E-Mail eines befreundeten Personalberaters, heute 7.46 Uhr

Hallo Kai,

lass uns heute mal zusammen lunchen, dann können wir die Kandidaten für Euren neuen Personalreferenten durchgehen. Wenn er oder sie im August anfangen soll, wird die Zeit knapp.

Ich habe von 12.30 bis 13.30 Uhr Zeit. Sollen wir zum Thailänder gehen?

Grüße, Hannes

Mitteilung 16

E-Mail eines Xing-Kontakts in Ihrer Mailbox

Hallo Kai,

kann ich Dir den Beitrag für das Essen heute Abend auch mitbringen? Ich kann derzeit nicht auf mein Konto zugreifen. Ich schaffe es übrigens nicht auf halb acht, werde etwas später kommen.

Sag mal, hast Du jetzt einen Co-Moderator oder Stellvertreter gefunden? Notfalls kann ich das eine Zeit lang übernehmen.

Grüße, Robert

Mitteilung 17

Handschriftliche Notiz auf Ihrem Schreibtisch

VK für Hanna, Sybille, Frank und Thorsten. Katarina und Paul brauchen keine extra Karten für Frankfurt.

Grüße, Jana

Mitteilung 18

Nachricht auf Ihrer Voicemail, heute 8.59 Uhr

Kai, ich habe vergessen, die Kundenanalyse und die anderen Unterlagen aufs iPad zu laden. Kannst Du mir die bitte sofort schicken, damit ich sie während der Fahrt noch durcharbeiten kann?

Habe wieder Empfang und kann meine E-Mails selbst checken.

Mitteilung 19

Interner E-Mail-Rundbrief in Ihrer Inbox, heute 7.05 Uhr

An alle Hungrigen,

die Kantine bleibt heute und morgen leider geschlossen, unser Koch ist kurzfristig erkrankt.

Ich arbeite daran, einen Sandwich-Lieferanten ausfindig zu machen, und melde mich im Lauf des Vormittags wieder.

Grüße, Pia

Mitteilung 20

E-Mail von Johannes Maler, Mitglied des Betriebsrats, gestern 18.20 Uhr

Hallo Kai,

hier brodelt es gewaltig. Das war gerade eine heftige Sitzung, wir sollten uns morgen unbedingt treffen. Ich kann allerdings erst ab 19.00 Uhr, da ich lauter Kundentermine habe. Und ab Mittwoch bin ich die ganze Woche in Berlin. Glaub mir, es ist dringend.

Grüße, Johannes

Mitteilung 21

Sprachnachricht auf Ihrer Voicebox, gestern 22.10 Uhr

Hallo Kai,

ich kann leider nicht zu Deiner Geburtstagsfeier nächste Woche kommen, muss kurzfristig nach Boston.

Sorry, Tom

Mitteilung 22

E-Mail von Teamassistentin Pia, gestern 16.41 Uhr

Hallo Kai,

falls Du die Architektenpläne für Donnerstag suchst, die liegen bei mir.

Grüße, Pia

Mitteilung 23

Interner E-Mail-Rundbrief in Ihrer Inbox, heute 10.55 Uhr

An alle Hungrigen,

die Mittagspause ist gerettet. Ihr könnt zwischen Sushi und Sandwich wählen. Karten sind im Anhang, Bestellungen bitte an mich bis spätestens 11.30 Uhr. Geliefert wird dann um 12.30 Uhr – Abholung und Bezahlung im Foyer.

Grüße, Pia

Beispiele für eine Postkorbübung

Mitteilung 24

Anruf auf Ihrem Handy, heute 9.14 Uhr

Hallo Herr Walther,

wir stehen gerade mit Ihrem neuen Sofa vor Ihrer Wohnung, können Sie uns bitte die Tür öffnen?

Mitteilung 25

Nachricht auf Ihrer Voicemail, heute 9.15 Uhr

Hallo Kai,

Andreas hier. Habe gerade die Bestätigungsmail der Chinesen bekommen. Sie wollen Anfang Juni kommen. Stell mir doch bitte schnell eine Agenda für den Besuch zusammen. Ich denke, ein Tag ist zu wenig, wir brauchen Programm für zwei Tage. Kürzen können wir immer.

Bin in zwei Stunden bei denen, bis dahin brauche ich die Agenda.

Bis dahin.

Mitteilung 26

SMS Nachricht von Ihrer Freundin Ella, heute 8.24 Uhr

Hey, komme schon morgen Abend wieder zurück. Kannst Du mich bitte um halb zehn am Hauptbahnhof abholen? E

Mitteilung 27

E-Mail von Anne, heute 8.50 Uhr

Hallo Kai,

die Gärtnerei Gruber hat gerade angerufen. Sie fangen nächsten Montag mit den Baumfällarbeiten an. Auf dem Parkplatz vor der Halle kann dann keiner mehr parken. Soll ich eine entsprechende Rundmail an alle verschicken?

Grüße, Anne

Mitteilung 28

E-Mail von Tine, gestern 17.20 Uhr

Hallo Kai,

unser Lieblingskunde Lunghammer hat heute schon mehrfach angerufen und sich mal wieder fürchterlich aufgeführt. Er droht, zur Konkurrenz zu gehen. Warum, das habe ich auch nicht ganz verstanden. Kümmerst Du Dich darum? Ich bin morgen ja nicht da.

Grüße Tine

So könnte Ihr Terminkalender zu den einzelnen Mitteilungen und Aufgaben aussehen, nachdem Sie die Übung bearbeitet haben.

Datum	Termin	Dringlichkeit	Zuständigkeit	Handlungs-bedarf
Di 17.05.	Handy für meine Sim-Karte besorgen	Stufe 1	Ich	ja
	Sofort Kundenanalyse an Andreas Mitter mailen	Stufe 1	Ich	ja
	Bis 10.00 Uhr: Hilton, Kreditkarte klären	Stufe 1	Reisebüro	ja
	Kunde Lunghammer	Stufe 1	Key-Account-Manager	ja
	Recherche für Agenda für Besuch der Chinesen	Stufe 1	Praktikant	ja
	10.30 Uhr: Treffen mit Tischler im Foyer	Stufe 3	Rea	ja
	10.30 Uhr: Agenda für den Besuch der Chinesen	Stufe 1	Ich	Ja
	11.00 Uhr: Agenda an Andreas Mitter schicken	Stufe 1	Ich/Pia	ja
	Recherche für Clouds-Paper/Paper erstellen	Stufe 3	Praktikant	Ja
	12.30 Uhr: Lunch mit Hannes beim Thailänder	Stufe 2	Ich	ja
	15.00: Treffen mit Kunde Terzinger (evtl. 13.30 Uhr) wegen Klage/gütlicher Einigung, ggf. Klage freigeben	Stufe 1	Ich	ja
	15.00 Uhr: Besprechung Strategiepapier	Stufe 1	Ich	ja
	16.00 Uhr: Arzttermin (Röntgenbilder) verschieben	Stufe 1	Ich	ja
	19.00 Uhr: Treffen mit Johannes (Betriebsrat)	Stufe 1	Ich	ja

Datum	Termin	Dringlichkeit	Zuständigkeit	Handlungs-bedarf
	19.30 Uhr: Social-Media-Treffen Xing	Stufe 3	Stellvertreter	ja
	22.00 Uhr: Tom anrufen	Stufe 2	Ich	ja
Mi 18.05	8.00 Uhr: Arzttermin	Stufe 3	Ich	nein
	Vorbereitung Sitzung der Geschäftsleitung	Stufe 1	Ich	ja
	9.00-12.00 Uhr: Sitzung Abteilungsleiter	Stufe 1	Ich	nein
	13.00-15.00 Uhr: Treffen mit Architekten	Stufe 2	Ich	nein
	16.00 Uhr: Ortstermin mit der Stadtverwaltung	Stufe 3	Architekt	nein
	17.00 Uhr: Treffen mit der örtlichen Presse	Stufe 3	Jana	nein
	Entwürfe der PR-Agentur sichten, Ideen entwickeln	Stufe 3	Ich	ja
	Clouds-Informationspapier gegenlesen	Stufe 3	Ich	ja
	21.00 Uhr: Skat	Stufe 3/4	Ich	ja
	21.30 Uhr: Ella vom Bahnhof abholen	Stufe 1	Ich	ja
Do 19.05	7.30 Uhr: Besprechung mit Andreas Mitter	Stufe 1	Ich	Ja
	9.00 Uhr: Termin mit der Marketing-Agentur	Stufe 1	Jana/Ich	ja
	10.00-12.00 Uhr: Sitzung der Geschäftsführung	Stufe 1	Ich	ja
	13.00 Uhr: Termin mit IT-Anbieter (Clouds)	Stufe 1	Ich	ja
	16.30 Uhr: Fahrt zum Flughafen (evtl. 15.30 Uhr)	Stufe 1	Ich	ja
	Evtl. VS-Termin am Münchner Flughafen	Stufe 2	Ich	ja
	19.00 Uhr: Flug nach Hamburg	Stufe 2	Ich	nein
	Bewerbungsgespräch	Stufe 1	Ich	ja

Die dazugehörigen Notizen zu den einzelnen Meldungen und Aktionen könnten folgendermaßen aussehen:

Mitteilung 1

Ich rufe das Reisebüro an und bitte die Mitarbeiterin darum, sich um die Angelegenheit zu kümmern. Sollte das Problem bis 14.00 Uhr nicht gelöst sein, bitte ich um Mitteilung, damit ich mich gegebenenfalls selbst darum kümmern kann.

Ich rufe den Fahrer an und bestätige ihm den Abholtermin für Donnerstag 6.00 Uhr am Münchner Flughafen.

Ich beauftrage einen der Praktikanten, mir bis spätestens morgen Abend einen schriftlichen Überblick über „Clouds" zu erstellen.

Mitteilung 2

Da Andreas Mitter auf Geschäftsreise ist, werde ich den Termin wahrnehmen. Ich werde Herrn Terzinger anrufen und den Termin auf 13.30 Uhr verlegen, um gegebenenfalls die gütliche Einigung noch mit unserem Anwalt zu besprechen, auch da ich ab 15.00 Uhr eine Besprechung habe (Strategiepapier). Sollte Herr Terzinger nicht früher können, werde ich die Besprechung Strategiepapier auf Mittwoch verschieben.

Unseren Anwalt werde ich vorab anrufen, um ihn zu fragen, wie seine terminliche Lage heute am Nachmittag aussieht.

Mitteilung 3

Ich schreibe meinen Freund eine aufmunternde SMS und dass ich ihn heute Abend nach dem XING-Treffen gegen 22.00 Uhr anrufe.

Mitteilung 4

Aus Mitteilung 17 geht hervor, welche Mitarbeiter Visitenkarten benötigen. Ich teile der Agentur die Mitarbeiter mit. Zudem bestätige ich den Termin am Donnerstag um 9.00 Uhr.

Ich rufe Jana an und bitte sie, sich um die Bilder der Mitarbeiter zu kümmern. Zudem soll sie für mich kurz nachschauen, wie viele Flyer wir jeweils in den vergangenen Jahren für die Messe bestellt haben und ob wir damit ausgekommen sind.

Die Entwürfe der Agentur werde ich mir am Mittwochnachmittag ansehen.

Ich bitte Jana, ebenfalls zum Termin mit der Marketing-Agentur am Donnerstag zu kommen.

Mitteilung 5

Ich rufe in der Praxis an und verschiebe den Termin auf Mittwoch 8.00 Uhr.

Mitteilung 6

Ich antworte meiner Freundin, dass die Tickets bei mir sind.

Mitteilung 7

Ich antworte per E-Mail, dass ich mich über ein weiteres Gespräch freuen würde und Donnerstagabend in München bin. Ein kurzfristiger Termin wäre für mich nur am Flughafen gegen 17.00 Uhr möglich. Sollte sich dieser Termin bestätigen, werde ich am Donnerstag bereits um 15.30 Uhr nach München fahren anstatt, wie bisher geplant, um 16.30 Uhr.

Mitteilung 8

Ich antworte dem Getränkehändler mit einer kurzen E-Mail und bestätige, dass ich die Fässer auf jeden Fall brauche und mich wegen des Zelts Anfang nächster Woche melde, wenn die Wettervorhersage genauer ist. Zudem bitte ich ihn, mir einen alternativen Getränkehändler zu nennen, der sich um Tische und Bänke kümmern kann.

Mitteilung 9

Werde Meike auf dem Weg zum Thailänder anrufen und versuchen, sie zu beruhigen. Ich werde ihr sagen, dass ich auch nichts weiß, aber mit Tom heute Abend telefonieren und mich dann bei ihr melden werde.

Mitteilung 10

Schreibe eine SMS an meine Freundin und erkläre ihr, dass mein Handy zerbrochen ist, und wünsche ihr viel Spaß bei der Kleidersuche in Madrid.

Mitteilung 11

Den Headhunter werde ich nächste Woche kontaktieren.

Mitteilung 12

Ich bestätige Rea, dass ich den Punkt mit auf die Tagesordnung setze. Um die Mitglieder der Sitzung auf den neuesten Stand der Informationen zu bringen, bitte ich Rea, sich mit Jana oder Pia in Verbindung zu setzen, die aktuellen Daten zusammenzustellen und mir zukommen zu lassen. Gegebenenfalls soll einer der Praktikanten bei der Informationssuche helfen. Im Lauf des Tages (am frühen Abend) werde ich versuchen, mir diese anzusehen und für die Sitzung aufzubereiten.

Jana bitte ich, die Tagesordnung zu aktualisieren und mir zukommen zu lassen, damit ich diese morgen mit den aktuellen Informationen zu den Entwicklungen auf dem Rohstoffmarkt und den für uns daraus resultierenden Folgen an die Teilnehmer der Sitzung schicken kann.

Mitteilung 13

Ich rufe das Reisebüro an. Um auf Nummer sicher zu gehen, gebe ich meine Kreditkarteninformationen an, damit das Zimmer auf jeden Fall reserviert bleibt.

Mitteilung 14

Ich schreibe eine E-Mail an Anne, dass sie das Meeting um eine Stunde nach hinten verschiebt, da ich mit unserem Kunden Terzinger einen letzten Versuch starte, eine gütliche Einigung zu erzielen.

Da ich nichts von Kaffee und Kuchen weiß, bitte ich Anne, sich darum zu kümmern.

Ich schreibe eine kurze E-Mail mit Genesungswünschen an Thomas.

Mitteilung 15

Sage dem Personalberater für 12.30 Uhr zu.

Mitteilung 16

Ich antworte Robert, dass er das Geld heute Abend mitbringen kann und dass ich inzwischen einen Co-Moderator gefunden habe. Bedanke mich aber für das Angebot, notfalls einzuspringen.

Den neuen Co-Moderator bitte ich, mich gegebenenfalls in der ersten halben Stunden zu vertreten, da sich mein Termin um 19.00 Uhr hinziehen könnte.

Mitteilung 17

Siehe Mitteilung 4.

Mitteilung 18

Ich suche umgehend die Unterlagen heraus und schicke sie per E-Mail an Andreas Mitter.

Mitteilung 19

Ich nehme die Information zur Kenntnis, unternehme aber nichts, da ich mit einem befreundeten Personalberater lunchen gehe.

Mitteilung 20

Ich bestätige Johannes den Termin um 19.00 Uhr. Meinen Stellvertreter beim Xing-Treffen der Assistenten benachrichtige ich darüber, dass ich mich wohl verspäten werde.

Mitteilung 21

Ich nehme die Absage zur Kenntnis und streiche Tom von der Gästeliste.

Mitteilung 22

Ich bedanke mich bei Pia für die Nachricht und sage ihr, dass ich mir die Unterlagen im Lauf des Tages hole.

Mitteilung 23

Ich nehme die Information zur Kenntnis, unternehme aber nichts, da ich mit einem befreundeten Personalberater essen gehe.

Mitteilung 24

Ich bitte die Möbellieferanten, einen Augenblick zu warten, und sage ihnen, dass ich kurz den Hausmeister meiner Wohnanlage anrufen werde. Der hat einen Schlüssel, kann meine Wohnung aufschließen und die Lieferung überwachen.

Mitteilung 25

Ich beauftrage zwei Praktikanten damit herauszufinden, welche für Chinesen interessante Veranstaltungen im Juni stattfinden. Zudem sollen sie eine Liste mit Restaurants (bayrischer Küche) in Nürnberg und Umgebung zusammenstellen. Sicherheitshalber sage ich ihnen, dass sie die Aufgaben untereinander aufteilen sollen, und setze ihnen ein Zeitlimit von einer knappen Stunde.

Teamassistentin Pia bitte ich ebenfalls sofort, mir entsprechende Agenden von Kundenbesuchen der vergangenen drei, vier Jahre herauszusuchen. Für die Zusammenstellung der Agenda plane ich eine halbe Stunde zwischen 10.30 und 11.00 Uhr ein. Die Agenda muss nicht verbindlich sein, sie soll den chinesischen Kunden nur einen Eindruck davon vermitteln, wie solch ein Besuch ablaufen kann und welche Aktivitäten auf sie warten.

Mitteilung 26

Schreibe Ella eine SMS, dass ich sie abhole, und eine E-Mail an meine Freunde, dass sie morgen ohne mich Skat spielen müssen.

Mitteilung 27

Ich schreibe Anne, dass sie eine Rundmail schicken und unserem Hausmeister Bescheid geben soll, damit er den Parkplatz ab Montag entsprechend absperrt.

Mitteilung 28

Ich wende mich an unseren Key-Account-Manager Frank und bitte ihn, sich um den Kunden zu kümmern und ihn zu beruhigen.

Sonstige Mitteilungen und Notizen

- Ich setze Jana und einen unserer Praktikanten darauf an, mir bis zum Abend technische Informationen über Clouds zusammenzutragen und erste Angebote von Anbietern einzuholen. Zudem bitte ich Lars, mir die Eckdaten für das Treffen zu mailen.

- Die Vorbereitung der Firmenpräsentation für die Messe in Frankfurt verschiebe ich auf nächste Woche; um die Stände und das Drumherum kümmert sich die Marketing-Agentur. Zudem bitte ich Jana, mir in den nächsten Tagen Material für die Präsentation zusammenzutragen.
- Ich beauftrage eine Botenagentur, meinen Smoking aus der Reinigung zu holen und mir ins Büro zu liefern.
- Ich bitte unsere Einkäuferin Rea, sich mit dem Tischler zu treffen.
- Ich plane ein, meine Patentante Jule auf dem Weg vom thailändischen Restaurant ins Büro anzurufen, um ihr zum Geburtstag zu gratulieren.
- Ich werde heute Abend zu Hause bei einem Internetversandhaus ein Hochzeitsgeschenk aussuchen und es express liefern lassen.
- Ich melde mich beim Architekten und spreche mit ihm ab, dass er den Termin mit der Stadtverwaltung wahrnimmt. Ich komme gegebenenfalls dazu, wenn ich es zeitlich einrichten kann.
- Den Termin mit der örtlichen Presse gebe ich an Jana weiter, da sie unsere Kontaktperson für PR- und Marketingfragen ist.

Präsentationen und Vorträge

Präsentationen und Vorträge können Ihnen während eines Assessment Centers an vielen Stellen begegnen: Sie müssen zum Beispiel die Ergebnisse eines Business Case oder einer Gruppendiskussion präsentieren, Ihre Überlegungen zu einer Schätz- oder einer Konstruktionsaufgabe vor Publikum vortragen oder zu Beginn des Assessment Centers sich und Ihren Werdegang vorstellen.

DARAUF ACHTEN DIE JUROREN

Bei Präsentationen und bei Vorträgen rücken vor allem die folgenden Eigenschaften in den Mittelpunkt der Betrachtung:

- Strukturiertes Arbeiten
- Kommunikationsfähigkeit
- Selbstbewusstsein
- Kombinationsfähigkeit
- Ausdrucksverhalten, Körpersprache
- Ausstrahlung
- Sprachliches Ausdrucksvermögen
- Teamarbeit
- Analytisches Denken
- Fachliches Wissen

So gehen Sie an Präsentationen und Vorträge heran

- Nehmen Sie sich Zeit dafür, sich vorab intensiv Gedanken zu den Kernaussagen und zur Struktur/zum Aufbau zu machen.
- Gliedern Sie Ihre Präsentation oder Ihren Vortrag in Einleitung, Hauptteil und Schluss – das sorgt für Struktur und Übersicht.
- Nennen Sie das Thema und stellen Sie es in einen Zusammenhang. Formulieren Sie die Kernfrage, um die es geht.
- Gehen Sie gegebenenfalls kurz auf die Vorgeschichte ein, zeichnen Sie bisherige Entwicklungen auf oder skizzieren Sie die derzeitige Situation.
- Stellen Sie anschließend Ihre Kernaussage, Ihre Hauptargumentation, Ihre These sowie das Diskussionsergebnis beziehungsweise Ihren Lösungsvorschlag vor.
- Zeichnen Sie gegebenenfalls Erwartungen für die Zukunft auf.
- Führen Sie gegebenenfalls Gegenargumente oder Bedenken an. Entkräften Sie diese oder schwächen Sie sie ab.
- Zeichnen Sie, falls vorhanden, Alternativen auf.
- Fassen Sie zum Schluss die wichtigsten Punkte kurz zusammen.
- Beantworten Sie die Ausgangsfrage.
- Bedanken Sie sich und widmen Sie sich den Fragen der Zuhörer.

Wie Sie Medien sinnvoll einsetzen

Einen wichtigen Stellenwert hat die mediale Unterstützung. Wenn Ihnen Flipchart, Overheadprojektor oder eine Wandtafel angeboten werden, sollten Sie sie in Ihren Vortrag oder Ihre Präsentation mit einbeziehen. Achten Sie aber darauf,

- dass Sie die Folien des Overheadprojektors oder die Seiten des Flipcharts nicht überfrachten, sie sollten übersichtlich gestaltet sein.
- dass Sie weder zu klein noch zu groß schreiben.
- dass Sie nur die wichtigsten Fakten und Ergebnisse medial darstellen, sonst kann man Ihre Darstellungen womöglich nicht nachvollziehen.
- dass Sie Zwischenergebnisse darstellen – so behalten Sie den Überblick.
- dass Sie nicht zu viele einzelne Folien oder Charts erstellen, man verzettelt sich sonst schnell und verliert den Überblick.

> **ACHTUNG: ERSTELLEN SIE IHRE FOLIEN ODER CHARTS VORAB**
>
> Bereiten Sie Ihre mediale Unterstützung am besten vorab vor. Sollte Ihnen das nicht möglich sein, so entwerfen Sie zumindest passende Skizzen auf Papier, an denen Sie sich später orientieren können. Das gilt nicht nur für Ihren mündlichen Vortrag, sondern auch für die Gestaltung der einzelnen Seiten für Flipchart und Co.

Unser Beispiel auf der folgenden Seite basiert auf einer Schätzaufgabe („Wie viele Tankstellen gibt es in den USA?"), die Sie ebenfalls im Buch finden. Lesen Sie die Aufgabenstellung und Angaben zu den Überlegungen auf Seite 113 nach.

Übungsaufgaben zum Einsatz von Medien

Die Aufgabe mag simpel klingen: Peppen Sie die eigene Präsentation mithilfe medialer Unterstützung ein wenig auf. Doch mit Medien ist es wie mit dem Fahrradfahren: Aufsteigen und losfahren ist nicht so einfach, und schnell erfährt man seine Grenzen. Daher sollten Sie den Einsatz von Flipchart und Co. im Vorfeld üben. Vor allem bei der Aufteilung der Seiten, bei der Benutzung einer Wandtafel oder von Folien tun sich viele Bewerber schwer. Unterstützen Sie wenn möglich auch Ihre Selbstpräsentation mit einem Flipchart, um sie aussagekräftiger zu gestalten.

> **ACHTUNG: SO ÜBEN SIE DAS PRÄSENTIEREN AM FLIPCHART VORAB**
>
> Ein Flipchart misst rund 70 mal 90 Zentimeter. Legen Sie entsprechend viele Blätter nebeneinander und teilen Sie die Fläche für Ihre Präsentation auf. Achten Sie dabei auch auf die Schriftgröße und darauf, die Seite nicht zu überladen. Überprüfen Sie die Seitengestaltung, indem Sie die Seite aus einer Entfernung von drei bis vier Metern betrachten. Ist alles lesbar? Ist die Gestaltung ansprechend und übersichtlich?

- Erarbeiten Sie eine mediale Unterstützung für die Ergebnispräsentation zu der Schätzübung „Wie viele Bordmahlzeiten werden auf dem Münchner Flughafen am Tag an die Flugzeuge ausgeliefert?" (siehe Seite 111ff.).

- Erarbeiten Sie eine mediale Unterstützung für die Ergebnispräsentation zu unserer Business Case Study „Homing Coffee Company – ‚Back to the Roots' oder ‚Auf zu neuen Ufern' (ab Seite 48, hier finden Sie auch einen Lösungsvorschlag).
- Erarbeiten Sie eine mediale Unterstützung für die Präsentation der Ergebnisse aus den Gruppendiskussionsthemen (siehe Seite 68ff.).

ANZAHL TANKSTELLEN IN DEN USA?

- VERTEILUNG TANKSTELLEN IN DTL
- BEVÖLKERUNG USA

DTL: 10.000 EINWOHNER → 5 TANKSTELLEN

→ 1 TANKSTELLE PRO 2.000 EINWOHNER

USA: 300 MIO. EINWOHNER → 150.000 TANKSTELLEN

+ 20 % BESONDERHEITEN USA

→ 180.000 TANKSTELLEN/USA

Übungsaufgabe zu Präsentationen und Vorträgen

Sie sind Frau Huber, Leiterin der Marketingabteilung der Firma Schneider Süßwaren GmbH. Seit einiger Zeit gehen die Umsätze des Unternehmens zurück. Kundenumfragen haben ergeben, dass sich die Kunden mit den Produkten nicht mehr identifizieren können. Schuld seien allerdings nicht die Produkte, sondern die Verpackung. Insbesondere die darauf abgebildeten Kinder sprechen nicht das Kundenklientel von heute, sondern das aus den 1970er Jahren an. Vor allem Kunden im Alter von fünf bis 14 Jahren würden deshalb lieber zum Konkurrenzprodukt greifen. Sie haben nun eine neue Verpackung sowie ein dazugehöriges Marketingkonzept, wie die Verkaufszahlen wieder gesteigert werden können, erarbeitet.

Vorbereitungszeit: 15 Minuten
Vortragsdauer: maximal zehn Minuten
Mediale Unterstützung: Es steht Ihnen ein Overheadprojektor zur Verfügung.
Zusätzliche Materialien: drei neu gestaltete Produktverpackungen

Ihre Notizen

Hilfestellung zur Bewältigung der Aufgabe
- Nutzen Sie den Overheadprojektor für Ihre Präsentation.
- Planen Sie für eine Seite rund zwei Minuten ein.

Erarbeitung des Marketingkonzepts
- Situationsanalyse: Beschreiben Sie kurz die derzeitige Situation. Beispiele:
  - Rückgang der Verkaufszahlen.
  - Umfragen haben ergeben: Kunden wandern zur Konkurrenz ab.
  - Betroffen sind vor allem Kunden zwischen fünf und 14 Jahren.
  - Grund ist wohl die „veraltete" Aufmachung des Produkts.
- Marketingziele: Skizzieren Sie Ihre Ziele. Beispiele:
  - Steigerung der Verkaufszahlen.
  - Kundenzufriedenheit.
  - Kundenidentifikation.
  - Verbesserung des Images.

- Marketingstrategie und -maßnahmen: Stellen Sie an dieser Stelle Ihre Lösungsvorschläge dar. Beispiele:
  - Neue Verpackung: Stellen Sie Ihren Vorschlag vor.

    Kinder in aktuellem Erscheinungsbild.

    Abstrakte Gestaltung.
  - Werbekampagnen in Fernsehen und Zeitschriften.
  - Pressemitteilungen über neues Aussehen und Image.
  - Versand von Proben an Schulen und Kindergärten.
  - Besondere Aufmachung und Präsentation in den Geschäften.

    Extra Stände.

    Plakate.

    Preisausschreiben.
- Erwartungen und Ausblick.
  - Steigerung der Verkaufszahlen.
  - Verbesserung des Images.
  - Kundenzufriedenheit und -identifikation.
- Zusammenfassung: Fassen Sie Ihre Lösungsvorschläge samt Erwartungen zusammen.

Wenn Sie zu einer ähnlichen Struktur der Präsentation gekommen sind wie wir, so haben Sie mit den fünf großen Themenblöcken auch gleich die Gestaltung und Seitenaufteilung der medialen Unterstützung erarbeitet. Fünf Blöcke, fünf Seiten, eventuell eine Seite zu Beginn, die in das Thema einführt.

Business Case Study (Fallstudie)

Business Cases und Fallstudien werden Ihnen vor allem dann in Assessment Centern begegnen, wenn ein Unternehmen Führungs- oder Nachwuchsführungskräfte sucht, also Managementaufgaben anstehen. Fallstudien können als Gruppenarbeit, aber auch als Einzelaufgabe angelegt sein. Handelt es sich um eine Gruppenarbeit, orientieren Sie sich bitte an unseren Empfehlungen für die Herangehensweise bei Gruppendiskussionen.

Bei den Übungen handelt es sich in der Regel um umfangreiche, komplexe Aufgaben, bei denen viele Informationen gesichtet und bewertet werden. Sie müssen zum Beispiel ein Konzept zur Eindämmerung der Personalkosten entwickeln, einen Businessplan für eine neue Geschäftsidee aufstellen oder sich Gedanken darüber machen, wie Sie neue Geschäftsbereiche oder Märkte erschließen können.

DARAUF ACHTEN DIE JUROREN

Wenn Fallstudien zu bearbeiten sind, haben die Juroren ganz bestimmt die folgenden Eigenschaften im Blick:

- Analytische Fähigkeiten
- Problemfindungsfähigkeiten
- Unternehmerisches Denken
- Problemorientiertheit
- Logisches Denken
- Entscheidungskompetenz
- Ergebnisorientiertes Arbeiten
- Führungsqualitäten
- Strukturiertes Arbeiten
- Kommunikationsfähigkeit
- Strategisches Denken
- Teamarbeit

Wie Sie Fallstudien sinnvoll angehen

- Arbeiten Sie die Ihnen zur Verfügung gestellten Unterlagen aufmerksam durch, behalten Sie dabei die Aufgabenstellung im Auge.
- Notieren Sie sich oder markieren Sie die in den Informationen enthaltenen wichtigsten Aussagen und Schlüsseldaten.
- Achten Sie auf Querverbindungen und Zusammenhänge innerhalb der Informationsunterlagen. Cases ähneln einem Puzzle: Sie müssen die Informationen zu einem Gesamtbild zusammenfügen.
- Entwerfen Sie einen Lösungsansatz entweder alleine (Einzelübung) oder in der Diskussion mit den anderen Übungsteilnehmern (Gruppenarbeit).
- Strukturieren Sie Ihre Lösung schriftlich und bereiten Sie gegebenenfalls eine Präsentation vor.

> **⚠ ACHTUNG — BLEIBEN SIE BEIM THEMA, UM ZU ERKENNEN, WELCHE INFORMATIONEN WICHTIG SIND**
>
> Die Informationslage eines Cases kann sehr umfangreich sein. Zehn bis 20 Seiten Informationsmaterial sind keine Seltenheit. Allerdings sind nicht alle Informationen für die Bearbeitung des Cases von besonderer Bedeutung. Je mehr Informationsmaterial ausgegeben wird, desto eher möchte man die Kandidaten in eine außergewöhnliche Stresssituation bringen. Lassen Sie sich also nicht beirren, sondern arbeiten Sie die Unterlagen sorgsam, aber zügig durch und trennen Sie wichtige von unwichtigen Informationen.

Beispiel für eine Fallstudie

Aufgabenstellung: „Homing Coffee Company – ‚Back to the Roots' oder ‚Auf zu neuen Ufern'; der Gründer der amerikanischen Kaffeehauskette Homing Coffee Company, John Altmann, kehrt an seine einstige Wirkungsstätte zurück und nimmt dort wieder auf dem Chefsessel Platz. Grund hierfür ist die sich verschlechternde Situation der Homing-Coffee-Shops. Hatte das Unternehmen in den vergangenen Jahren einen extremen Boom zu verzeichnen und zahlreiche Filialen weltweit eröffnet, rutscht die Kaffeehauskette derzeit in seichtes Fahrwasser. Die Umsätze gehen zurück, das Image bröckelt. John Altmann möchte das Unternehmen nun wieder auf den richtigen Kurs bringen. Was würden Sie ihm raten, was soll er tun, um den Homing-Coffee-Shops zu neuem Schwung zu verhelfen?

Nachfolgende Informationen stehen Ihnen zur Verfügung beziehungsweise haben Sie aus dem Internet und anderen Quellen zusammengetragen.

Vorbereitungszeit: 1 Stunde

Präsentation: maximal 15 bis 20 Minuten. Sie dürfen die Präsentation wahlweise in deutscher oder englischer Sprache halten.

Medien: Es stehen Ihnen für die Präsentation ein Flipchart, ein Overheadprojektor sowie eine Wandtafel zur Verfügung. Bauen Sie mindestens eines dieser Medien in Ihre Präsentation ein.

> **⚠ ACHTUNG — EIN MEDIUM ZUR UNTERSTÜTZUNG REICHT**
>
> Auch wenn Ihnen mehrere Formen der medialen Unterstützung angeboten werden und die Aufgabenstellung wie hier formuliert ist („Bauen Sie mindestens eines der zur Verfügung stehenden Medien in Ihre Präsentation ein."), verzetteln Sie sich nicht. Beschränken Sie sich auf ein einziges Medium, um strukturiert und gedanklich klar zu bleiben.

Beispiel für eine Fallstudie

Pressemitteilung vom 12. Dezember 2005

Erfolg auf ganzer Linie

Die Strategie der amerikanischen Kaffeehauskette Homing Coffee aus San Francisco scheint aufzugehen. Aus dem einstigen kleinen Coffee-Shop im berühmt-berüchtigten Stadtviertel Haight-Ashbury ist eine amerikanische Institution geworden, die sich inzwischen weltweit mit knapp 4.000 Coffee-Shops etabliert hat.

Angefangen hatte alles in den 1980er Jahren. Der junge Amerikaner John Altmann, Begründer der Homing-Coffee-Shops, hatte nach seinem Studium eine Reise nach Italien angetreten und dabei seine Liebe für den italienischen Espresso entdeckt. Zurück in der Heimat wollte er auf die neue Leidenschaft nicht verzichten und eröffnete ein kleines Café nach italienischem Vorbild gepaart mit amerikanischer „Gemütlichkeit". Der Kaffee konnte nicht nur im sogenannten Coffee-Shop genossen, sondern im Pappbecher mitgenommen werden, ganz nach dem amerikanischen Vorbild Fast Food und Drive Through.

Inzwischen bietet die Kette nicht mehr nur noch einfach Kaffee oder Espresso an. Die Kaffee-Karte bietet inzwischen über 350 verschiedene Kaffeevarianten. Hinzu kommen zahlreiche Speisen, zum Beispiel belegte Bagels, Sandwiches, Salate oder diverse Kuchen wie Muffins oder Cheesecakes.

Auf dem Weg zur Theke begleitet den Kunden nicht nur frischer Kaffeeduft, sondern auch eine ganze Latte Merchandising-Produkte, angefangen von Tassen über Schokolade bis hin zu Notizblöcken und allerlei Geschenkartikeln mit dem Homing-Logo. Musik-CDs und DVDs mit verschiedenen Filmklassikern runden das Angebot ab.

Homing Coffee hat aber auch ein weiteres Feld bestellt. Unübersehbar bewirbt das Unternehmen in den Coffee-Shops sein soziales Engagement – sei es der faire Handel mit den Kaffeeanbaustaaten oder das Engagement des Unternehmens für sozial benachteiligte Kinder. Das neuste Projekt des Coffee-Shop-Riesen heißt (Allgemein-)Bildung. Neben Buchsammlungen für Waisenhäuser bringt das Unternehmen nun auch klassische literarische Werke an den Mann oder die Frau. Der Erfolg scheint vorprogrammiert.

Presseartikel vom 15. September 2009

Kunden vermissen Geschenkkarten und Rabattsysteme

Weihnachtsgeschenke zu suchen, das ist für die meisten Menschen eher eine Last als eine Freude. Laut einer Studie des Magazins „stylish" werden 47 Prozent aller Geschenke in der sogenannten letzten Minute gekauft, ein Großteil der Schenker greift auch gerne auf Geldgeschenke zurück. Gern gesehen sind dabei Geldgutscheine und Geschenkkarten spezieller Geschäfte. Umso enttäuschter zeigten sich dieses Jahr die Kunden von Getwak, Homing Coffee, Cateway und anderen Großketten.

Die Ketten hatten im Lauf des Jahres ihre Guthabenkarten aus unterschiedlichen Gründen eingestellt. Besonders verärgert und enttäuscht zeigten sich die Kunden von Homing Coffee und Cateway, denn in die Guthabenkarten der beiden Anbieter war ein Rabattsystem integriert. Mit dem Wegfall der Guthabenkarten stellten die beiden Unternehmen somit auch ihre Rabattsysteme „10-mal bezahlen, einmal gratis genießen" ein.

Experten gehen davon aus, dass den Unternehmen mit dem Wegfall der Guthabenkarten nicht nur vorfinanzierte Kredite und die damit verbundenen Zinsen verlorengehen, sondern auch ein Teil der Kundschaft. Immerhin gewährten die Gastronomiebetriebe den Kunden einen nicht unerheblichen Rabatt. Ob und wann die Guthabenkarten wieder eingeführt werden, ließen die Ketten aber offen. Sandy Owell, Pressesprecherin der Marketingabteilung der Homing Coffee Company stellte eine Wiedereinführung der Karten in Aussicht, wollte sich aber nicht auf ein konkretes Datum festlegen.

Überrascht über die Einstellung der Guthabenkarten zeigen sich vor allem die Finanzexperten. Seit Jahren zeichne sich im Einzelhandel ein Trend hin zu Guthaben- und Geschenkkarten ab. Gerade zur Weihnachtszeit seien die Geschenkkarten eine verlockende Alternative zu sinnlosen Schnellkäufen, die sich auch als überaus lukrativ für den Einzelhandel zeigten. So kletterte der Verkauf der Geschenkkarten der amerikanischen Kaffeehauskette Homing Coffee Company im vergangenen Weihnachtsgeschäft auf rund zwölf Prozent. Im Vorjahr waren es noch acht Prozent.

Presseartikel vom 3. April 2010

Homing Coffee verliert nicht nur Atmosphäre, sondern auch Kunden

Wenn Unternehmen wachsen, bleibt immer etwas auf der Strecke. Diese Erfahrung musste nun auch die amerikanische Kaffeehauskette Homing Coffee machen. Vor allem die amerikanischen Kunden vermissen das Flair und das besondere Ambiente, das die Homing-Coffee-Shops jahrelang ausgemacht hatte. Wer noch vor einigen Jahren in einen Homing-Coffee-Shop kam, hatte das Gefühl, eine gemütliche Oase zu betreten, in der er entspannen kann.

Zwar haben die Homing-Coffee-Shops seit einiger Zeit die gleiche Inneneinrichtung, doch jeder Shop hatte stets sein eigenes Gesicht. Im Zuge der Vereinheitlichung ist dieses Gesicht verlorengegangen. Und nicht nur das. Auch der Kaffeeduft, der dem Kunden entgegenkam, wenn er den Laden betrat, ist verlorengegangen. Aromaversiegelte Kaffeetüten und System-Kaffeeautomaten haben ihn geschluckt.

Wer weltweit den gleichen Kaffee mit gleicher Qualität und gleichem Geschmack anbieten wolle, müsse seine Prozesse automatisieren, erklärte Unternehmenssprecherin Clara McClaire. Konkret bedeutet dies, dass Homing Coffee seine Espressomaschinen auf Systemmaschinen umgestellt hat. Die neuen Maschinen fertigen den Kaffee einfacher und schneller. Auch die Menge des verarbeiteten Kaffees bleibt identisch. Pro Espresso werden rund acht Gramm Kaffee benötigt. Vergleichbar sind diese Maschinen mit Kaffeevollautomaten, wie sie heute häufig in privaten Haushalten zu finden sind. Der Duft von frisch gemahlenen Bohnen und frisch gebrühtem Espresso geht dabei verloren und mit ihm ein Stück Gemütlichkeit.

Das finden auch zahlreiche Kunden und suchen nunmehr nach Alternativen. Die kleinen Coffee-Shops an der nächsten Ecke erfreuen sich deshalb steigender Beliebtheit. Neben der heimeligen Atmosphäre bieten auch sie inzwischen hervorragenden Espresso, verbunden mit dem Duft von frisch gemahlenen Bohnen und frisch gebrühtem Kaffee – und das zu einem Preis, bei dem man sich gerne einen zweiten Espresso leistet. Der neuste Trend dieser kleinen Shops ist das Rösten vor Ort. Rohe Kaffeebohnen werden im Shop selbst geröstet und verkauft oder zum exquisiten Kaffeegenuss frisch aufgebrüht angeboten. Für Kenner und Genießer eine wahre Gaumenfreude. Neben dem verlockenden Kaffeeduft bleibt auch für die Betreiber etwas hängen, denn auf Rohkaffee bezahlen sie keine Kaffeesteuer.

Presseartikel vom 16. August 2010

Expansion auf Kosten der Kunden und der Gemütlichkeit

Es hätte die Erfolgsgeschichte schlechthin werden sollen: Ein kleiner Coffee-Shop aus Haight-Ashbury in San Francisco erobert die Welt. Doch genau dieses Ziel scheint der amerikanischen Kaffeehauskette Homing Coffee zum Verhängnis zu werden. Denn er ursprüngliche Anspruch, ein kleines, gemütliches, einzigartig erscheinendes Café zu schaffen, in dem man sich wohlfühlt, lässt sich möglicherweise nicht zehntausendfach kopieren.

Es schien ein ehrgeiziges Ziel zu sein, das sich die Homing Coffee Company im Jahr 1998 gesetzt hatte: Innerhalb von zehn Jahren sollte sich die Zahl der Coffee-Shops verdoppeln und das Unternehmen weltweit expandieren. 1998 zählte die Homing Coffee Company gerade einmal 500 Coffee-Shops in den USA. Bis zum Jahr 2008 hätten es also rund 1.000 Coffee-Shops weltweit sein sollen. Die Realität sieht anders aus, der Siegeszug der Homing Coffee Company wirkt angesichts der einst gesteckten Ziele gigantisch. Allein in den USA zählt die Kaffeehauskette heute rund 7.000 Filialen. Hinzu kommen etwa 1.500 weitere Shops auf allen Kontinenten. Doch der Schein des Erfolgs trügt. In den vergangenen zwölf Monten sind die Umsatzzahlen sowie die Gewinne gesunken. Die Kundenzufriedenheit lässt nach, die Kundenfrequenz ebenfalls.

Verantwortlich für die negative Entwicklung im Hause Homing machen Experten das rasante Wachstum der Kaffeehauskette. Wer innerhalb weniger Jahre sein Geschäftsvolumen um den Faktor 20 erhöhe, müsse damit rechnen, „dass etwas auf der Strecke bleibt", erklärt Finanzexperte Dieter Peters. Ohne einen gewissen Grad an Standardisierung sei eine derartige Entwicklung und Expansion nicht möglich, so Peters weiter.

Inzwischen gleiche ein Coffee-Shop dem anderen, resümiert Peters. Sicherlich werde damit der Kunde bedient, der immer auf der Suche nach der gleichen Lokalität sei, doch Kunden, die Wert auf Gemütlichkeit, Einmaligkeit und das „gewisse Extra" legen, fänden all dies in den Homing-Coffee-Shops nicht mehr. Doch genau diese Kunden seien in der Vergangenheit bereit gewesen, für das „gewisse Extra" auch etwas mehr zu zahlen, und seien es rund vier Dollar beziehungsweise Euro für eine Latte Macchiato. Diese Kunden ziehe es nun wieder vermehrt in die kleinen, versteckten Coffee-Shops.

Ob angesichts der derzeitigen Entwicklung die Kaffeehauskette an ihren ehrgeizigen Expansionsplänen für die kommenden Jahre festhalten wird, bleibt fraglich. Das Unternehmen plant nach eigenen Aussagen, in den kommenden drei Jahren allein in den USA weitere 500 Coffee-Shops zu eröffnen, weltweit sind sogar rund 2.000 weitere Shops geplant.

Presseartikel vom 18. November 2010

Aktives Cross-Selling nervt Kunden

Vielen Unternehmen erschien es als die Idee: dem Kunden ungefragt weitere Produkte anzubieten und damit den Umsatz anzukurbeln. Sprich: Wer eine Fotokamera kauft, dem wird vom Verkaufspersonal gleich noch die passende Tasche, ein Stativ und eine Speicherkarte angeboten. Doch die Unternehmen haben die Rechnung ohne die Kunden gemacht, denn sie sind von derartigem Cross-Selling mehr als genervt und brechen den Kauf daraufhin häufig einfach ab. Das hat zumindest die Studie einer amerikanischen Unternehmensberatung ergeben. Passives Cross-Selling stört den Kunden hingegen wenig.

[...] Die amerikanische Kaffeehauskette Homing etwa, verkauft schon seit längerem erfolgreich die Musik-CDs, die in den Coffee-Shops zu hören sind. Doch die CDs werden dem Kunden wie alle anderen Merchandising-Produkte nicht direkt angeboten, sondern stehen unauffällig im Thekenbereich oder in Regalen im Shop. Allerdings testet das Unternehmen derzeit, wie viele ihrer Zusatzprodukte zum Kaffee selbst sie an den Mann beziehungsweise die Frau bringen können. „Darf es ein Espresso-Shot mehr sein?", fragen die Barista zwar freundlich, umsonst ist der Extra-Shot dann allerdings nicht.

Presseartikel vom 24. Oktober 2008

Homing Coffee Company lehnt weiterhin kostspielige Werbemaßnahmen ab

Die Homing Coffee Company bleibt auch weiterhin ihrem Grundsatz treu, keinerlei Gelder für kostspielige Werbung auszugeben. Die Geschäfte laufen hervorragend, betonte Pressesprecher Thomas Miller. Demnach seien die „zweifelhaften Kurzvideos", die derzeit im Internet kursieren, auch nicht auf Geheiß der amerikanischen Kaffeehauskette entstanden, so Miller weiter. Vielmehr handele es sich hierbei um privat entstandene Videos, die in keinem Zusammenhang mit dem amerikanischen Unternehmen zu bringen seien. Statt aufwendige und kostspielige Werbespots zu drehen, investiere man lieber in die Zukunft der südamerikanischen Kaffeebauern, einen fairen Handel und andere sozialverantwortliche Projekte, erklärte Miller.

Seit einigen Tagen kursieren im Internet Werbespots für Homing Kaffeeprodukte und Coffee-Shops mit zweifelhaftem Inhalt.

Presseartikel vom 10. Januar 2011

John Altmann kehrt an die Spitze der Homing Coffee Company zurück

Nach drei Jahren Abstinenz kehrt John Altman zurück an die Spitze der Homing Coffee Company. Die amerikanische Kaffeehauskette verzeichnet seit einigen Monaten rückläufige Zahlen, und auch das Saubermann-Image mit sozialem Touch bröckelt wegen einiger Streitigkeiten mit südamerikanischen Kaffeebauern. Nun will der einstige Gründer John Altmann die Weichen wieder auf Erfolg stellen. Kein leichtes Unterfangen, denn die Konkurrenz schläft nicht.

Weltweit ist Homing Coffee mit rund 9.000 Coffee-Shops vertreten, allein 7.500 Shops befinden sich in den USA. Hatte Homing Coffee in den vergangenen Jahren eine Art Monopolstellung, so muss das Unternehmen nun um diese bangen, denn die Fast-Food-Kette „Yummy" hat den Kaffee für sich entdeckt. Mit sogenannten Shop-in-Shop-Stores will Yummy den Kaffeetrinker direkt abholen, und so tritt er mit seinen geplanten 8.000 Shops in direkte Konkurrenz zu den Homing-Coffee-Shops. Das Sortiment soll fast ähnlich umfangreich sein, allerdings will Yummy seinen Kaffee für jedermann erschwinglich machen. Eine Latte Macchiato mittlerer Größe kostet hier in den USA nur 1,90 Dollar, Homing verlangt 3,50 Dollar. Die Preisstruktur in Europa sieht ähnlich aus.

Aber nicht nur die Konkurrenz in neuem Outfit macht Homing zu schaffen, sondern auch die Verhandlungen mit südamerikanischen Kaffeebauern. Sie wollen einen höheren Preis für ihren Kaffee erzielen, Homing weigert sich jedoch, die Bauern aus den vor Jahren geschlossenen Verträgen zu entlassen.

Der Druck auf die amerikanische Kette wächst. Das Saubermann-Image, das jahrelang aufgebaut wurde, wackelt, denn die Verträge mit den südamerikanischen Kaffeebauern sind bereits einige Jahre alt und der damals ausgehandelte Kaffeepreis entspricht nicht mehr dem Preis, den Homing heute seinen übrigen Lieferanten zahlt. Die Kaffeebauern fühlen sich entsprechend schlecht bezahlt und fordern Neuverhandlungen, vor allem weil sich das Unternehmen damit rühmt, fairen Handel zu betreiben und faire Preise an seine Lieferanten zu bezahlen.

Beispiel für eine Fallstudie

> **Pressemitteilung vom 10. Februar 2010**
>
> ## Kooperation mit Buchhaus Lüsemann
>
> Ein gutes Buch und ein hervorragender Espresso – welcher Leser wünscht sich das nicht? Diesem Wunsch kommt die Homing Coffee Company in Zusammenarbeit mit der Frankfurter Buchhandlung „Lüsemann" in der Stadtmitte nun nach.
>
> Ab sofort können Kunden der Buchhandlung Lüsemann in der Frankfurter Innenstadt in zahllosen Büchern schmökern und sich dabei einen Espresso, eine Latte Macchiato oder einen Cappuccino im Homing-Coffee-Shop in der vierten Etage des Buchhauses gönnen. Die neue Synergie verbindet Gemütlichkeit und Bildung, Kaffeegenuss und Bestseller.
>
> Weitere „Shop-in-Shop"-Synergien nach amerikanischem Vorbild sind in Hamburg, München und Berlin in den kommenden Wochen und Monaten mit weiteren Buchhandlungen geplant.
>
> Insgesamt stehen den Besuchern über 350 Kaffeevariationen und andere köstliche Getränke – vom exquisiten Tee bis hin zu verschiedenen Erfrischungsgetränken und Fruchtsäften – zur Auswahl. Daneben bieten alle Homing-Coffee-Shops abwechslungsreiche Bagels, Sandwiches oder Kuchen an. Den eifrigen Lesern stehen insgesamt 50 Sitzplätze, teils bequeme Wohnzimmersessel, zur Verfügung.

Produkt	Höhe der Kaffeesteuer für ein Kilogramm Kaffee
Röstkaffee	2,19 Euro
Löslicher Kaffee	4,78 Euro

Umsatzzahlen und Gewinn der Homing Coffee Company

	2010			2009		
	Filialen	Umsatz in Millionen	Gewinn in Millionen	Filialen	Umsatz in Millionen	Gewinn in Millionen
USA	7.574	4.800	497	7.281	4.588	521
Europa	462	269	31,5	381	166	22,6
Asien	678	274	40,1	551	285	33,4
Nord- und Südamerika	312	118	18,9	284	98	16,4
Australien	124	59,2	8,2	102	51,4	5,9
Afrika (Südafrika)	26	5,2	–2,8	15	4,5	–1,6

	2008			2007		
	Filialen	Umsatz in Millionen	Gewinn in Millionen	Filialen	Umsatz in Millionen	Gewinn in Millionen
USA	5.822	4.986	584	5.177	5.701	504
Europa	313	275	33,4	288	245	2,1
Asien	462	408	43,1	401	341	37,4
Nord- und Südamerika	217	95	16,7	178	95	16,2
Australien	88	59,2	7,1	68	41	6,8
Afrika (Südafrika)	11	3,9	-1,2	6	2,3	-0,1

	2006			2005		
	Filialen	Umsatz in Millionen	Gewinn in Millionen	Filialen	Umsatz in Millionen	Gewinn in Millionen
USA	4.874	4.848	487	3.105	3.036	359
Europa	251	176	23,4	198	117	17,1
Asien	345	279	32,7	302	171	22,4
Nord- und Südamerika	140	76	11,6	121	56,8	8,4
Australien	55	29,5	4,1	36	22,4	2,7
Afrika (Südafrika)	2	1,2	-0,9	0	0	0

Hilfestellungen zur Bewältigung des Business Case

- Arbeiten Sie sämtliche Ihnen zur Verfügung stehenden Dokumente sorgsam, aber dennoch zügig durch.
- Notieren oder markieren Sie alle für die Fragestellung relevanten Informationen, zum Beispiel:
    - Entstanden in den 1980ern, italienisches Vorbild, Gemütlichkeit.
    - 2005 – Erfolg auf ganzer Linie, Merchandising, Cross-Selling.
    - Soziales Engagement.
    - Erste Kritik offenbar 2009: Geschenkkarten, Rabattsystem.
    - Rückgang von Umsatz und Gewinn.

- Märkte mit Verlusten: Südafrika.
- Zunehmende Kundenunzufriedenheit.
- Sinkende Kundenfrequenz.
- Keine kostspieligen Werbemaßnahmen.
- Aktives Cross-Selling kommt negativ bei Kunden an.
- Atmosphäre in Coffee-Shops geht verloren, Systemgastronomie, aromaversiegelte Kaffeetüten schlucken den Kaffeeduft (Kaffeeröster eventuell Lösungsmöglichkeit), Kaffeesteuer.
- Expansion auf Kosten der Gemütlichkeit, Atmosphäre und Ambiente; eventuell Expansion herunterfahren.
- Synergien und Kooperation, etwa mit Buchhandlungen.
- Imageschaden, Streit mit südamerikanischen Kaffeebauern, fairer Handel?
- Ernstzunehmende Konkurrenz rüstet auf.
- Altmann kommt zurück – heißt der neue Kurs beziehungsweise die Lösung: Zurück zu alten Wurzeln?

- Ordnen beziehungsweise strukturieren Sie die Informationen.
- Erarbeiten Sie sich Ihre Haupt- beziehungsweise Kernaussage(n).
- Bauen Sie Ihre Präsentation auf (siehe Kapitel „Präsentationen und Voträge").

So könnte Ihre Präsentation konkret aussehen

Guten Morgen meine Damen und Herren,

mein Name ist Juliane Hacker und in den nächsten fünf bis zehn Minuten möchte ich Ihnen meinen Beitrag zum Konzept für die sogenannte Sanierung der Homing Coffee Company vorstellen.

(Folie 1 auflegen – die Folien finden Sie am Ende des Vortrags)

Zuerst möchte ich kurz auf die aktuelle Problemsituation eingehen, danach einen Blick in die Vergangenheit – konkret die 1990er Jahre – werfen und Ihnen dann die Entwicklungen der Homing Coffee Company in den vergangenen Jahren aufzeigen.

Unter den Devisen „Back to the Roots" und „Auf zu neuen Ufern" werde ich auf die Maßnahmen eingehen, die meiner Meinung nach erfolgversprechend sind, um die Homing Coffee Company wieder auf den richtigen Kurs zu bringen.

Abschließend werde ich die wichtigsten Punkte kurz zusammenfassen und einen Ausblick in die Zukunft der Homing Coffee Company wagen.

(Folie 2 auflegen)

Die aktuelle Situation stellt sich so dar: In den vergangenen Monaten sind die Umsatzzahlen sowie der Gewinn gesunken. Die Homing Coffee Company erwirtschaftet in fast allen Märkten zwar immer noch Gewinne, doch die Zahlen sinken. Statistiken und Umfragen haben ergeben, dass die Kundenfrequenz sinkt und die Unzufriedenheit der Kunden zunimmt. Hinzu kommt, dass sich in jüngster Zeit der Konflikt mit den südamerikanischen Kaffeebauern zugespitzt hat, wodurch sich das Image der Homing Coffee Company in der Öffentlichkeit verschlechtert hat.

Erschwerend kommt hinzu, dass die Fast-Food-Kette „Yummy" den Kaffeemarkt für sich entdeckt hat und Kundenumfragen ergeben haben, dass immer mehr Kunden zu kleinen Coffee-Shops wechseln. Dazu später mehr.

(Folie 3 auflegen)

Zu Beginn der 1990er Jahre war die Homing Coffee Company eine kleine Kaffeehauskette in den USA. John Altmann hatte sie in Haight-Ashbury, einem Stadtviertel von San Francisco, gegründet und versuchte, den Amerikanern ein Stück italienisches Kaffeegut nahezubringen.

Es existierten nurmehr einige wenige Shops, in denen der Espresso noch mit einer Kolben-Espressomaschine und einem Tamper erzeugt wurde. Jeder Coffee-Shop hatte sein individuelles Ambiente und die Produktpalette war lange nicht so ausgereift und umfassend wie heute.

(Folie 4 auflegen)

Während der vergangenen Jahre hat sich die Homing Coffee Company sehr verändert. Zuerst einmal hat Gründer John Altmann das Unternehmen verlassen und damit sicherlich ein Stück weit die Seele der Homing Coffee Company mitgenommen. Allerdings begann bereits unter seiner Federführung die Expansion des Unternehmens nicht nur in den USA, sondern weltweit. Insgesamt wuchs die Zahl der Coffee-Shops insgesamt um zehn bis 15 Prozent jährlich.

Um dieses Wachstum bewerkstelligen zu können, stellte das Unternehmen in vielen Bereichen auf Systemgastronomie um, die herkömmlichen Espressomaschinen mussten Vollautomaten weichen. Der Kaffee wurde in aromaversiegelten Tüten gelagert und die Abläufe generell automatisiert beziehungsweise generalisiert. Das Unternehmen erweiterte zudem seine Produktpalette – weit über Kaffee und Speisen hinaus: Tassen, CDs, DVDs, um nur einige Produkte zu nennen – und engagierte sich im sozialen Bereich.

Für lange Zeit war die Homing Coffee Company Marktführer und musste sich keiner ernst zu nehmenden Konkurrenz stellen. Das könnte sich in naher Zukunft jedoch ändern. Die Fast-Food-Kette Yummy plant in den kommenden Monaten sogenannte Shop-in-Shop-Coffee-Shops in nahezu all ihren 8.000 Fast-Food-Filialen in den USA, aber auch weltweit zu eröffnen. Der Kaffee dort soll qualitativ gut sein und teilweise weniger als die Hälfte kosten als die Produkte der Homing Coffee Company. So könnte sich tatsächlich eine ernst zu nehmende Konkurrenz entwickeln.

Hinzu kommt, dass immer mehr Kunden zu den zahllosen kleinen Coffee-Shops abwandern, wo Sie das Gefühl von Individualität und Gemütlichkeit verspüren, das sie einst in den Coffee-Shops der Homing Coffee Company gefunden haben.

(Folie 5 auflegen)

So stellt sich nun also die Frage, was getan werden kann, um die Homing Coffee Company wieder auf den richtigen Kurs zu bringen.

Die Verpflichtung von John Altmann ist ein erster Schritt. Mit ihm verbindet man sicherlich noch all das, was Homing Coffee Company einst bekannt und beliebt gemacht hat. Deshalb sollte man ihn als Zugpferd sicherlich vermarkten – „Back to the Roots" heißt also die Devise. Konkret bedeutet das, einige Veränderungen der vergangenen Jahre wieder rückgängig zu machen:

- Wiedereinführung der Guthaben- und Geschenkkarten,
- Wiedereinführung eines Rabattsystems sowie
- kein aktives Cross-Selling, und zwar in allen Bereichen. Cross-Selling verärgert und verschreckt Kunden.

Wichtig ist meiner Meinung nach auch, den einzelnen Coffee-Shops wieder ein eigenes Gesicht zu geben, sie bis zu einem gewissen Grad zu individualisieren. Das könnte durch die Mitarbeiter vor Ort geschehen.

Um das Image der Homing Coffee Company wieder zu verbessern, sollte über mehr soziales Engagement nachgedacht werden, zum Beispiel indem der sogenannte faire Handel, einst ein Zugpferd der Homing Coffee Company, verstärkt wird.

Last but not least müssen natürlich auch die Expansionspläne des Unternehmens auf den Prüfstand. Ich denke, hier ist weniger mehr. Weniger Expansion, vor allem in den USA, dafür aber die vorhandenen Shops individueller gestalten, das sollte die Devise sein. Zudem sollten unrentable Coffee-Shops geschlossen werden, um die Gewinne nicht unnötig zu schmälern.

(Folie 6 auflegen)

„Back to the Roots" alleine bringt uns meiner Meinung nach allerdings nicht zum gewünschten Ziel. Eine Mischung aus Altbewährtem und neuen Ideen und Wegen könnte dagegen die Lösung sein.

Die Systemkaffeeautomaten, die aromaversiegelten Kaffeetüten sowie die automatisierten und generalisierten Abläufe haben sich im Alltag bewährt und sollten beibehalten werden. Stellt sich also die Frage, wie man etwa den Kaffeeduft wieder in die Coffee-Shops bringt.

Ein Blick zur Konkurrenz könnte uns hier helfen. Ein paar kleine Coffee-Shops haben es vorgemacht und sich eine Nische ergattert – bis jetzt! Sie haben Kaffeeröster installiert und rösten den Kaffee vor Ort. Auf den ersten Blick mag das kostenintensiv und aufwendig klingen. Doch man würde mehrere Fliegen mit einer Klappe schlagen:

- Der frische Kaffeeduft ist zurück in den Coffee-Shops, sogar noch intensiver.
- Es lassen sich neue Produkte verkaufen.
    - Frisch gerösteter und frisch gebrühter Kaffee.
    - Frisch geröstete Kaffeebohnen zum Mitnehmen für die Kaffeemaschinen der Kunden zu Hause.
- Außerdem ergibt sich ein Steuervorteil, weil auf Rohkaffee keine Kaffeesteuer bezahlt werden muss.

Ein Blick auf die Bilanzen hat ergeben, dass nahezu alle internationalen Märkte Gewinne abwerfen – außer Südafrika. Dieser Markt hat seit seiner Erschließung nur Verluste erzielt, eine Besserung ist nicht in Sicht, da der Markt dort begrenzt ist, auch geografisch. Die Transportwege sind weit, die Kosten somit hoch. Homing Coffee Company sollte sich aus diesem Markt zurückziehen.

Bislang hat sich Homing Coffee Company immer dagegen ausgesprochen, Werbespots zu produzieren. Angesichts der derzeitigen Lage sollte das Unternehmen diese Haltung noch einmal überdenken. Damit ließe sich nicht nur das Image verbessern, sondern es könnten auch Kunden neu- beziehungsweise wiedergewonnen werden.

Wichtig ist vor allem, dass das Unternehmen weitere Synergien und Kooperationen mit Buchhandlungen, Supermärkten und dergleichen eingeht und den Streit mit den südamerikanischen Kaffeebauern beilegt. Den Streit sollte Homing Coffee Company meiner Meinung nach umgehend beenden, um das Image des Unternehmens nicht noch weiter zu beschädigen.

Nicht zuletzt sollte die Homing Coffee Company angesichts der wachsenden Konkurrenz möglicherweise auch einen prüfenden Blick auf ihre Preisgestaltung werfen.

(Folie 7 auflegen)

Zusammenfassend lässt sich sagen, dass die Homing Coffee Company

- ihre Expansionspläne überarbeiten sollte.
- ihr Image pflegen sollte.
- ihr soziales Engagement verstärken und publik machen sollte.
- das Rabattsystem wieder einführen sollte.
- die individuelle Gestaltung der Coffee-Shops fördern sollte.

- mithilfe von Kaffeeröstern nicht nur die altbewährte Atmosphäre wiederherstellen, sondern auch neue Produkte anbieten könnte und
- mit Synergien und Kooperationen neue Vertriebswege erschließen könnte.

Die zu erwartenden, positiven Effekte wären nicht nur

- eine Steigerung von Umsatz und Gewinn, sondern auch
- eine zunehmende Kundenzufriedenheit,
- eine steigende Kundenfrequenz,
- die Verbesserung des Images sowie
- die Wappnung gegen aufkommende Konkurrenz, etwa durch die Fast-Food-Kette Yummy.

Ich bedanke mich für Ihre Aufmerksamkeit!

Folie 1/Flipchart Seite 1

„Sanierung" der Homing C. C.

→ Aktuelle Problemsituation

→ Situation in den 1990ern

→ Entwicklung der vergangenen Jahre

→ Back to the Roots

→ Auf zu neuen Ufern

→ Zusammenfassung und Ausblick

Folie 2/Flipchart Seite 2

„Sanierung" Homing Coffee Company

Aktuelle Problemsituation

→ Umsatzzahlen und Gewinne sinken

→ Sinkende Kundenfrequenz

→ Zunehmende Kundenunzufriedenheit

→ Imageverschlechterung

→ Wachsende Konkurrenz

- Yummy

- Kleine Coffee-Shops

Folie 3/Flipchart Seite 3

> „Sanierung" Homing Coffee Company
>
> ## Situation zu Beginn der 1990er
>
> → John Altmann, Eigentümer
>
> → Wenige Coffee-Shops
>
> → Konventionelle Espressomaschinen
>
> → Individuelles Ambiente der Shops
>
> → Kleine Produktpalette

Folie 4/Flipchart Seite 4

„Sanierung" Homing Coffee Company

Entwicklung der vergangenen Jahre

→ Weggang John Altmann

→ Überdimensionale Expansion

→ Umstellung auf Systemgastronomie

→ Cross-Selling

→ Soziales Engagement

→ Konkurrenz

Folie 5/Flipchart Seite 5

„Sanierung" Homing Coffee Company

„Back to the Roots"

→ Promotion des Zugpferds John Altmann

→ Guthabenkarten, Geschenkkarten

→ Rabattsystem

→ Kein Cross-Selling, gilt für alle Bereiche

→ Individualisierung der Coffee-Shops

→ Mehr soziales Engagement

→ Fairer Handel

→ Überarbeitung der Expansionspläne

→ Schließung unrentabler Shops

Folie 6/Flipchart Seite 6

„Sanierung" Homing Coffee Company

„Auf zu neuen Ufern"

→ Kafferöster in den Coffee-Shops
- Systemkaffeeautomaten und aromaversiegelte Kaffeetüten können beibehalten werden
- Neue Produkte

→ Unlukrative Märkte versiegeln
- Südafrika

→ Werbespots im Fernsehen
- Imageverbesserung
- Kundenneu- bzw. -rückgewinnung

→ Synergien und Kooperationen
- Buchhandlung etc.

→ Imagepflege
- Einigung mit Kaffeebauern in Südamerika

→ Überarbeitung der Preisgestaltung

Folie 7/Flipchart Seite 7

„Sanierung" Homing Coffee Company

Zusammenfassung und Ausblick

Erfolgversprechende Maßnahmen

→ Überarbeitung der Expansionspläne

→ Imagepflege, soziales Engagement

→ Rabattsystem

→ Individualisierung der Coffee-Shops

→ Kaffeeröster

→ Synergien und Kooperationen

Zu erwartende (positive) Effekte

→ Steigerung von Umsatzzahlen und Gewinnen

→ Zunehmende Kundenzufriedenheit

→ Steigende Kundenfrequenz

→ Imageverbesserung

→ Wappnung gegen aufkommende Konkurrenten

Gruppendiskussionen

Die Gruppendiskussion gehört zu den beliebtesten und aussagekräftigsten Aufgaben im Assessment Center. Der Grund dafür liegt in der Komplexität und Dynamik der Übung. Im Lauf der Diskussion vergessen die Kandidaten nicht selten, wo sie sich eigentlich befinden oder dass sie beobachtet werden, und lassen sich schon mal gehen. So manche Charaktereigenschaft – Schwäche wie Stärke – tritt da offen an den Tag. Außerdem haben die Assessoren die Möglichkeit, die Kandidaten im direkten Vergleich zu beobachten. Und wie die folgende Liste zeigt, gibt es für sie weitere Gründe, die Kandidaten gut zu beobachten!

DARAUF ACHTEN DIE JUROREN

In Gruppendiskussionen werden die Juroren vor allem diese Eigenschaften genauer unter die Lupe nehmen:

- Kommunikationsfähigkeit
- Durchsetzungsvermögen
- Kooperationsfähigkeit
- Konfliktfähigkeit
- Sprachliches Ausdrucksvermögen
- Sozialverhalten
- Teamfähigkeit
- Kollegialität
- Integrationsverhalten
- Koordinationsfähigkeiten
- Moderationsfähigkeiten
- Einfühlungsvermögen
- Zielstrebigkeit
- Selbstkontrolle
- Ergebnisorientiertheit

So gehen Sie an Gruppendiskussionen heran

Die Diskussionsrunden bestehen meist aus vier bis sechs Teilnehmern. Sie können führerlos sein oder einen Gesprächsleiter, den sogenannten Moderator, haben. Diese Rolle übernimmt meist einer der Kandidaten. Wenn Ihnen die Aufgabe zukommt, liegt es in Ihrer Verantwortlichkeit, für eine strukturierte Diskussion zu sorgen, die am Ende auch zu einem Ergebnis führt. Unabhängig davon, ob Sie die Rolle des Moderators innehaben, sollten Sie darauf achten, dass

- die Ziele der Diskussion klar gesteckt werden.
- Ergebnisse, auch Zwischenergebnisse, immer wieder zusammengefasst werden.
- jeder Diskussionsteilnehmer seine Ideen und Vorschläge in die Diskussion einbringen kann.

- die Diskussionsteilnehmer nicht unterbrochen werden (legen Sie gegebenenfalls eine Rednerliste an und bestimmen Sie Redezeiten, die nicht überschritten werden dürfen).
- Sie keine persönlichen Angriffe auf Diskussionsteilnehmer zulassen.
- die Diskussion nicht ins Stocken gerät, sich zu lange an einem Streitpunkt festhält oder sich im Kreis dreht.
- Sie vor lauter Moderation Ihre eigenen Argumente, Ideen und Vorschläge nicht vergessen, sondern sich auch in die eigentliche Diskussion einbringen.

Viele Kandidaten gehen davon aus, dass sie sich bei einer Gruppendiskussion am besten empfehlen, wenn sie sich erfolgreich gegen die anderen Bewerber durchsetzen und ihre eigenen Argumente durchboxen. Sie vergessen, dass es sich um eine Gruppenübung handelt und somit auch die Teamfähigkeit der Bewerber auf dem Prüfstand steht. Das Ziel einer Gruppendiskussion besteht darin, mit den anderen Teilnehmern gemeinsam ein Resultat, eine Stellungnahme oder dergleichen zu erarbeiten.

Übungsaufgaben zu Gruppendiskussionen

Die Themen bei diesen Aufgaben orientieren sich meist an aktuellen oder tagesaktuellen Diskussionen, zum Beispiel Klima und Umwelt, sie können aber auch an das Unternehmen angelehnt sein. Wir empfehlen Ihnen daher, nicht nur die allgemeinen „Tagesthemen" im Bereich Politik und Gesellschaft im Auge zu behalten, sondern sich vor dem Assessment Center auch einen Überblick darüber zu verschaffen, ob das Unternehmen derzeit aktuelle Diskussionen führt oder ob über das Unternehmen und seine Politik diskutiert wird.

> **ACHTUNG: SAMMELN SIE ARGUMENTE FÜR UNTERSCHIEDLICHE POSITIONEN**
>
> Sammeln Sie nicht nur Argumente für Ihren Standpunkt beziehungsweise Ihre „Fraktion", sondern auch die für die Gegenseite. Damit zeigen Sie nicht nur, dass Sie sich in andere und deren Argumentation hineinversetzen können, Sie können damit auch die Diskussion „retten", wenn sich alle Teilnehmer argumentativ auf der gleichen Seite befinden. Nehmen Sie aber nicht einfach die andere Position ein, sondern leiten Sie einen Positionswechsel eher wie folgt ein: „Wir sollten aber auch beachten, dass ... ein nicht zu verachtendes Argument ist."

Aufgabe 1

Kommt die Rente mit 70? Bitte diskutieren Sie das Thema mit den übrigen Kandidaten. Erarbeiten Sie eine gemeinsame Prognose, die am Ende der Diskussion von einem Diskussionsteilnehmer vorgestellt werden kann. Bitte übernehmen Sie während der Diskussion die Rolle des Moderators.

Persönliche Vorbereitungszeit: fünf Minuten

Diskussionsdauer: maximal eine Stunde (inklusive Vorbereitung der Präsentation)

Präsentationsdauer: maximal drei Minuten

Ihre Notizen

_____
_____
_____
_____
_____

Aufgabe 2

Sterbehilfe – Pro und Kontra. Diskutieren Sie das Thema in Ihrer Gruppe. Erarbeiten Sie ein Thesenpapier und bereiten Sie eine abschließende Präsentation vor.

Persönliche Vorbereitungszeit: keine

Diskussionsdauer: 80 Minuten (inklusive Vorbereitung der Präsentation)

Präsentationsdauer: maximal fünf Minuten

Ihre Notizen

Aufgabe 3

Atomkraft – ja oder nein? Diskutieren Sie die wieder aktuelle Fragestellung mit den anderen Kandidaten. Nehmen Sie dabei die Rolle eines Mitglieds der Organisation Greenpeace ein. Variante: Nehmen Sie die Rolle des Vorstandsvorsitzenden eines deutschen Energiekonzerns ein.

Vorbereitungszeit: keine

Diskussionsdauer: 20 Minuten

Ihre Notizen

Aufgabe 4

Sind Frauen die besseren Manager? Diskutieren Sie die Fragestellung in der Diskussionsgruppe. Vertreten Sie dabei Ihre persönliche Haltung.

Vorbereitungszeit: fünf Minuten

Diskussionsdauer: maximal eine Stunde

Ihre Notizen

Aufgabe 5

China – Gefahr oder Chance für die deutsche Wirtschaft? Bitte diskutieren Sie die Fragestellung. Erarbeiten Sie ein gemeinsames Statement und bereiten Sie eine kurze Präsentation Ihrer Ergebnisse vor.

Persönliche Vorbereitungszeit: keine

Diskussionsdauer: maximal eine Stunde (inklusive Vorbereitung der Präsentation)

Präsentationsdauer: maximal fünf Minuten

Ihre Notizen

Aufgabe 6

Einigen Sie sich mit den anderen Diskussionsteilnehmern auf ein Thema und diskutieren Sie die entsprechende Fragestellung.

Vorbereitungszeit: keine

Diskussionsdauer: maximal 45 Minuten

Ihre Notizen

Aufgabe 7

Diskutieren Sie Sinn und Unsinn des Europäischen Rettungsschirms. Vertreten Sie dabei die Ansichten der Bundeskanzlerin Angela Merkel.

Vorbereitungszeit: keine

Diskussionsdauer: 20 Minuten

Ihre Notizen

Aufgabe 8

Kindergartenpflicht in Deutschland – ja oder nein? Bitte diskutieren Sie Pro und Kontra in Ihrer Gruppe und formulieren Sie eine gemeinsame Empfehlung. Bestimmen Sie einen Kandidaten, der Ihre Ergebnisse am Ende kurz vorträgt.

Ihnen stehen für die Diskussion und die Vorbereitung der Präsentation 45 Minuten zur Verfügung. Die anschließende Präsentation sollte nicht länger als fünf Minuten dauern.

Ihre Notizen

Aufgabe 9

Hat der Euro ausgedient und kommt die D-Mark bald wieder? Setzen Sie sich in der Diskussionsrunde als D-Mark-Verfechter durch.

Vorbereitungszeit: 5 Minuten

Diskussionsdauer: 20 Minuten

Ihre Notizen

Aufgabe 10

Der gesellschaftliche Einfluss der Kirchen wird immer geringer. Zudem verlieren die beiden großen Kirchen immer mehr Mitglieder. Hat die Kirche noch eine Zukunft? Wird der Glaube aussterben? Bitte diskutieren Sie diese beiden Fragestellungen in Ihrer Gruppe.

Vorbereitungszeit: keine

Diskussionsdauer: maximal 45 Minuten

Ihre Notizen

Aufgabe 11

Was ist „Soziale Gerechtigkeit"? Bitte diskutieren Sie diese Fragestellung in Ihrer Gruppe.

Vorbereitungszeit: keine

Diskussionsdauer: maximal 45 Minuten

Ihre Notizen

Aufgabe 12

Sollten Langzeitarbeitslose einen Dienst für die Gesellschaft leisten? Viele Arbeitslose sind qualifizierte Arbeitskräfte, doch ihre Arbeitskraft liegt brach. Mit gesonderten Stellen bei Städten, Gemeinden und öffentlichen Einrichtungen ließe sich so mancher Missstand beheben. Bitte diskutieren Sie diese These in Ihrer Gruppe. Erarbeiten Sie eine gemeinsame Stellungnahme.

Vorbereitungszeit: keine

Diskussionsdauer: maximal 45 Minuten

Ihre Notizen

Aufgabe 13

Bitte erörtern Sie das Thema Terrorismusbekämpfung in Ihrer Diskussionsgruppe. Erarbeiten Sie anschließend ein Strategiepapier.

Vorbereitungszeit: keine

Diskussionsdauer: maximal 45 Minuten

Ihre Notizen

Aufgabe 14

Wikileaks – wie viel Informationen brauchen wir? Diskutieren Sie die Fragestellung mit den anderen Bewerbern. Nehmen Sie dabei die grundsätzliche Haltung des Wikileaks-Gründers ein.

Vorbereitungszeit: keine

Diskussionsdauer: 30 Minuten

Ihre Notizen

Aufgabe 15

Weltweit haben Regierungen auf die jüngste Weltwirtschaftskrise mit sogenannten Konjunkturpaketen reagiert. Bitte diskutieren Sie innerhalb Ihrer Gruppe über Sinn und Unsinn der deutschen Konjunkturpakete. Erarbeiten Sie gegebenenfalls Alternativlösungen und erstellen Sie eine gemeinsame Stellungnahme. Bestimmen Sie einen Kandidaten, der Ihre Ergebnisse am Ende kurz vorträgt.

Vorbereitungszeit: keine

Diskussionsdauer: 60 Minuten

Ihre Notizen

Aufgabe 16

Profitiert Deutschland vom Euro und von der Europäischen Union? Bitte erörtern Sie die Fragen in Ihrer Gruppe.

Vorbereitungszeit: keine

Diskussionsdauer: 45 Minuten

Ihre Notizen

Rollenspiele und Konfliktgespräche

Rollenspiele, zum Beispiel Mitarbeiter- und Kundengespräche, haben in den Assessment Centern inzwischen einen festen Platz gefunden. Dahinter verbergen sich sogenannte Simulationsübungen, in denen die Kandidaten in vorgegebene Rollen schlüpfen und Problemsituationen lösen sollen. Zur Auswahl stehen einerseits Mitarbeitergespräche, zum anderen Kundengespräche (Verkaufsgespräch, Verhandlungen und Reklamation). Ziel solcher Gespräche ist es, die Lösung für ein bestehendes Problem zu finden. Ihr Gegenüber ist meist einer der Assessoren oder ein gebriefter Schauspieler, der Ihnen das Leben nicht gerade leichtmachen wird.

Sie erhalten zu Beginn der Übung alle für das Rollenspiel notwendigen Informationen. Wenn man die Bewerber aber in eine besondere Stresssituation bringen möchte, wird auf eine Vorbereitungszeit verzichtet, und Sie werden direkt ins kalte Wasser geworfen. In der Regel können Sie sich jedoch einige Minuten auf die Situation vorbereiten. Nutzen Sie diese Zeit, um

- die dargestellte Situation zu erfassen,
- sich in die vorgegebene Rolle einzufinden,
- sich ein Bild von der Rolle Ihres Gegenübers zu machen,
- sich ein Ziel für den Ausgang des Gesprächs zu setzen,
- einen Lösungsansatz zu entwickeln,
- eine Linie zu erarbeiten, wie Sie das Gespräch führen wollen, und
- sich ein Zwischenziel zu setzen, falls der Gesprächsverlauf Ihr angepeiltes Ziel nicht zulässt oder Ihnen die Zeit davonläuft.

BEACHTEN SIE DIE ZEITVORGABEN

Achten Sie unbedingt auf die vorgegebenen Zeiten. Haben Sie zehn Minuten Zeit, einen Kunden zu beruhigen und mit ihm einen für beide Seiten akzeptablen Kompromiss zu erzielen, dann sollten Sie die Aufgabe auch in diesem Zeitrahmen lösen. Denn die Assessoren sind gnadenlos und beenden gegebenenfalls die Übung. Wenn Sie dann ohne Ergebnis dastehen, wirft das ein schlechtes Licht auf Sie.

Wenn Sie mit der Zeit einmal nicht auskommen sollten, dann erarbeiten Sie notfalls ein Zwischenergebnis oder vertagen Sie das Gespräch mit einer klaren Zielvorgabe. Formulieren Sie zum Beispiel so:

- „Herr XY, so kommen wir nicht weiter. Ich werde mir die Sache/Ihr Angebot/Ihre Forderungen noch einmal durch den Kopf gehen lassen und die Angelegenheit mit meinem Vorgesetzten/meinem Partner usw. besprechen."
- „Frau YZ, Ihre ständigen Ausreden bringen uns hier nicht weiter. Ich denke, es ist sinnvoller, wenn wir uns beide etwas abkühlen und uns morgen noch einmal treffen. Bis dahin möchte ich Sie bitten, eine genaue Aufstellung Ihrer Telefonate zusammenzustellen."

Konfliktgespräche mit Mitarbeitern

Bei einem Mitarbeitergespräch übernehmen Sie meist die Rolle des Vorgesetzten, der sich mit einem Mitarbeiter auseinandersetzen muss: Ein Mitarbeiter kommt beispielsweise häufig zu spät zur Arbeit, sorgt für Spannungen im Betriebsklima, liefert schlechte Arbeit ab, hält Termine nicht ein oder Ähnliches. Sie müssen ihm nun die Problemsituation in einem gemeinsamen Gespräch verdeutlichen, die Folgen aufzeigen und nach einer sinnvollen Lösung suchen. Mithilfe der Mitarbeitergespräche möchte man sehen, wie die Kandidaten als Vorgesetzte mit ihren Mitarbeitern umgehen, welchen Führungsstil der Bewerber verfolgt.

> **⚠ ACHTUNG — DARAUF ACHTEN DIE JUROREN**
>
> In Mitarbeitergesprächen kommen vor allem die folgenden Eigenschaften zum Tragen:
>
> - Führungsstärke
> - Führungsstil und -qualitäten
> - Kommunikationsfähigkeit
> - Personal- und Mitarbeiterführung
> - Mitarbeitermotivation
> - Einfühlungsvermögen
> - Problemorientiertheit
> - Problemlösungsfähigkeit
> - Ergebnisorientiertheit
> - Menschenkenntnis
> - Analytisches Denken
> - Kooperationsfähigkeit
> - Stressresistenz
> - Problemanalyse

So gehen Sie an Mitarbeitergespräche heran

Wie so oft ist auch hier die goldene Mitte das Maß der Dinge. Weder zu autoritäre noch zu weiche Führungskräfte werden geschätzt. Achten Sie deshalb beim Mitarbeitergespräch darauf, dass Sie stets die Oberhand haben und sich nicht auf andere Schauplätze führen lassen. Behalten Sie das Problem im Auge und verfolgen Sie konsequent das Ziel, im Gespräch eine Lösung zu finden. Gehen Sie dabei wie folgt vor.

- Seien Sie freundlich, aber bestimmt: Begrüßen Sie den Mitarbeiter, geben Sie ihm die Hand und bieten Sie ihm gegebenenfalls einen Sitzplatz an.
- Achten Sie darauf, dass Sie eine Vertrauenssituation schaffen, in der sich auch der Mitarbeiter wohlfühlt. Beispiele:
    - ☐ Fragen Sie ihn kurz, wie es ihm geht.
    - ☐ Bieten Sie ihm ein Glas Wasser an, wenn Sie ein längeres Gespräch erwarten.
    - ☐ Loben Sie seine Arbeit angemessen („Bisher war ich mit Ihren Leistungen immer zufrieden" oder „Sie sind ein zuverlässiger Mitarbeiter"), bevor Sie auf das eigentliche Problem zu sprechen kommen, das lockert die Atmosphäre auf und unterstreicht Ihre zwischenmenschlichen Fähigkeiten als Vorgesetzter beziehungsweise als Führungskraft.

- Kommen Sie dann auf das anstehende Problem und Ihr angestrebtes Ziel zu sprechen. Damit unterstreichen Sie nicht nur die Ernsthaftigkeit des Problems, sondern auch Ihre Entschlossenheit, es zu lösen.
- Formulieren Sie das Problem klar und deutlich, lassen Sie sich nicht ablenken und schweifen Sie nicht vom Thema ab.
- Kritisieren Sie die Leistung des Mitarbeiters auf klare und sachliche Art, starten Sie keine persönlichen Angriffe.
- Basiert das Problem auf Gerüchten, so sagen Sie das klar und deutlich.
- Lassen Sie den Mitarbeiter Stellung nehmen, erlauben Sie aber nicht, dass er Kollegen oder Sie angreift beziehungsweise anderen Schuld zuweist. Ihr Ziel ist es, dass der Mitarbeiter seinen Fehler einsieht und eingesteht.
- Versuchen Sie, mit Fragen den Sachverhalt zu klären.
- Weisen Sie den Mitarbeiter gegebenenfalls auf die Konsequenzen seines Handelns hin.
- Wenn das Gespräch ins Stocken gerät, der Mitarbeiter blockiert oder sich zurückzieht, gehen Sie einen Schritt zurück. Erklären Sie, dass Sie ihm helfen wollen. Loben Sie wieder seine bisherige Arbeit, heben Sie seine Erfolge hervor. Sie dürfen dabei Ihrer Fantasie etwas freien Lauf lassen.
- Erarbeiten Sie möglichst gemeinsam eine Lösung, lassen Sie den Mitarbeiter einen Vorschlag machen.
- Wenn Sie Kompromisse eingehen, sollten sie immer noch mit den Zielsetzungen des Unternehmens vereinbar sein.
- Setzen Sie Ziele fest und einen Zeitrahmen, in dem Sie das Ergebnis überprüfen werden.
- Fassen Sie am Ende die Ergebnisse noch einmal zusammen.

BLEIBEN SIE BEI DER SACHE

Ihr Gegenüber wird versuchen, Sie vom eigentlichen Thema abzulenken oder die Schuld auf einen Kollegen zu lenken. Lassen Sie sich darauf nicht ein. Sätze wie „Lenken Sie bitte nicht vom eigentlichen Problem ab" oder „Es geht hier nicht um Ihre Kollegen, sondern um Sie" lassen Sie schnell wieder Oberwasser gewinnen.

Beispiel: So könnte eine Aufgabe zum Mitarbeitergespräch aussehen

Sie sind Jürgen Trisch, der Bereichsleiter in einem mittelständischen Technologie-Unternehmen in der Branche Medizin- und Labortechnik mit insgesamt 300 Mitarbeitern. Sie beliefern Krankenhäuser und Arztpraxen mit Mess- und Überwachungsgeräten. Neben der hohen Qualität der Produkte hat sich das Unternehmen vor allem durch seine Zuverlässigkeit, Flexibilität und Schnelligkeit im Hinblick auf die Auslieferung der Produkte einen Namen gemacht.

Ihnen unterstehen insgesamt rund 60 Mitarbeiter in sechs Abteilungen. Darunter befindet sich auch Herr Harald Schmierer, einer Ihrer Vertriebsmitarbeiter. Sein Kundenstamm umfasst 30 Kunden, Tendenz steigend. Er ist vor drei Jahren frisch von der Berufsakademie in Ihr Unternehmen gekommen. Sie sind mit ihm und seiner Arbeit äußerst zufrieden. Seine Umsatzzahlen sind überdurchschnittlich gut und er versteht sich hervorragend mit den Kunden.

Gestern haben Sie im Rahmen einer Sitzung mit Ihren Abteilungsleitern erfahren, dass sich in den vergangenen Tagen einige Kunden über Harald Schmierer beschwert haben. Laut Kunden ist Herr

Schmierer in den vergangenen Wochen stets gereizt und unfreundlich gewesen und hat vermehrt wichtige Termine wie Kundenbesprechungen und Auslieferungen nicht eingehalten. Obwohl er ein Firmenmobiltelefon hat, war er für die Kunden nur schwer oder gar nicht zu erreichen. Auf Nachrichten auf seinem Anrufbeantworter oder auf E-Mails hat er nur spät oder gar nicht reagiert. Ein Mitarbeitergespräch zwischen Herrn Schmierer und der zuständigen Abteilungsleiterin Andrea Rieber gestern Vormittag ist erfolglos verlaufen.

Sie wollen nun persönlich mit dem Mitarbeiter sprechen und haben ihn zu sich gebeten. Vor fünf Minuten hat sich ein weiterer Kunde über die mangelnde Zuverlässigkeit von Herrn Schmierer beschwert und um die Zuweisung eines anderen Mitarbeiters gebeten. Zudem hat der Kunde durchscheinen lassen, dass er überlegt, sich einen anderen Anbieter zu suchen, wenn er sich nicht auf Sie verlassen kann.

Vorbereitungszeit: 15 Minuten

Dauer des Gesprächs: maximal 20 Minuten

Lösungsvorschlag

Vorgesetzter (V): Guten Morgen, Herr Schmierer.

Mitarbeiter (M): Guten Morgen, Herr Trisch.

V: Nehmen Sie doch Platz. Wie geht es Ihnen heute?

M: Na ja, ganz gut.

V: Ganz gut? Ich habe eher das Gefühl, dass Sie etwas bedrückt, dass etwas nicht in Ordnung ist.

M: Hm. Wieso?

V: Nun ja. In den vergangenen Tagen sind vermehrt Kunden auf uns zugekommen und haben sich über Sie beschwert. Sie seien stets gereizt, gar unfreundlich und würden wichtige Termine nicht einhalten. Zudem seien Sie seit Wochen für die Kunden trotz Firmenmobiltelefon nur schwer zu erreichen und würden auch nicht zurückrufen, wenn Ihnen jemand eine Nachricht auf Ihrem Anrufbeantworter hinterlässt. Inzwischen kommen auch vermehrt Klagen Ihrer Kollegen bei mir an.

M: Wieso beschweren sich die Kollegen?

V: Weil sie sich jetzt auch noch um Ihre Kunden kümmern müssen, wenn Sie nicht erreichbar sind. Aber kommen wir zum eigentlichen Punkt zurück. Was ist los? Warum vernachlässigen Sie Ihre Arbeit und Ihre Kunden?

M: Ich vernachlässige weder meine Arbeit noch meine Kunden. Ich arbeite vielmehr angemessen.

V: Nun, das sehen aber viele Ihrer Kunden anders. Vor wenigen Minuten hat mich Herr Gärtner von Zunder & Söhne angerufen und mir berichtet, dass er Ihnen seit einer Woche regelmäßig auf Ihren Anrufbeantworter spricht, Sie bislang aber nicht zurückgerufen haben.

M: Na, ich höre meine Mailbox öfter ab als so manch anderer Kollege. Thomas Schlagmeier zum Beispiel ...

V: Herr Schmierer, schweifen Sie nicht ab. Und wenn Sie Kollegen anschwärzen, kommen wir auch nicht weiter.

Ich habe Ihnen gestern Nachmittag eine E-Mail sowie eine mündliche Nachricht auf Ihrem Anrufbeantworter hinterlassen mit der Bitte, mir bis heute früh Ihre Spesenaufstellung des vergangenen Monats zuzuschicken. Obwohl Sie gestern Nachmittag und heute den ganzen Vormittag im Hause waren, habe ich keine Reaktion von Ihnen erhalten. Versuchen Sie also nicht, sich herauszureden.

Mitarbeiter schweigt.

V: Außerdem geht es hier nicht um mögliche Versäumnisse Ihrer Kollegen, es geht um Sie!

M: Ach, ich dachte die Kollegen hätten sich auch beschwert.

V: Ja, das haben sie. Hier geht es aber in erster Linie um Sie und Ihren Umgang mit unseren Kunden. Herr Gärtner sagte mir, dass versprochene Terminlieferungen verspätet bei ihm eingetroffen seien, auf eine Lieferung wartet er immer noch. Er hat mich unmissverständlich aufgefordert, ihm einen anderen Mitarbeiter zuzuweisen, ansonsten sieht er sich gezwungen, sich einen anderen Anbieter zu suchen.

Herr Schmierer, so kann das nicht weitergehen. Durch Ihr Verhalten verlieren wir nicht nur einzelne Kunden. Auch unser Ruf ist in Gefahr. Unsere Zuverlässigkeit und unsere Flexibilität zeichnen uns aus und lassen uns auf dem Markt bestehen. Derartige Unzuverlässigkeiten und Schlampereien können wir uns einfach nicht erlauben. Wir sind auf jeden Kunden und dessen Mundpropaganda angewiesen. Normalerweise muss man einen Mitarbeiter für ein derartiges Verhalten abmahnen.

Mitarbeiter schweigt.

V: Herr Schmierer, ich kenne Sie als äußerst zuverlässigen Mitarbeiter mit hervorragenden Leistungen. Die Kunden haben Sie in der Vergangenheit immer gelobt ...

Mitarbeiter brummt vor sich hin.

M: Ja, ja, hervorragende Leistungen. Der ganze Aufwand lohnt sich doch eh nicht!

V: Habe ich Sie gerade richtig verstanden? Sagten Sie, der ganze Aufwand lohne sich eh nicht?

M: Schon, ja. Unter dem Strich dankt es einem niemand! Jeder ist sich selbst der Nächste.

V: Was genau meinen Sie damit, Herr Schmierer?

M: Das wissen Sie doch genau, Herr Trisch!

V: Nein, das weiß ich leider nicht, Herr Schmierer. Da müssen Sie mir schon auf die Sprünge helfen. Warum lohnt sich Ihrer Meinung nach der ganze Aufwand nicht?

M: Herr Trisch. In den vergangenen drei Jahren habe ich jeden Tag zehn bis zwölf Stunden gearbeitet und meist am Wochenende die Kundentermine für die folgende Woche vorbereitet. Meine Verkaufszahlen waren hervorragend, meine Kunden waren sehr zufrieden mit mir und meiner Leistung. Herr Trisch, ich möchte beruflich vorankommen. Ich habe mich engagiert und meine Vorgaben über Soll erfüllt. Ich dachte, dass in diesem Unternehmen Leistung gefragt, aber auch belohnt wird. Da habe ich mich wohl geirrt.

V: Worauf spielen Sie an, Herr Schmierer? Wieso sind Sie der Meinung, dass wir Ihre Arbeit nicht zu schätzen wissen? Neben Ihrem festen Gehalt werden Sie leistungs- beziehungsweise erfolgsorientiert bezahlt. Sie haben doch Ihren Bonus erhalten Herr Schmierer, oder?

M: Ach, um den Bonus geht es doch gar nicht! Ich habe drei Jahre investiert und alle Auflagen erfüllt und dann wird eine andere Abteilungsleiterin, nur weil sie der Chefetage Honig um den Mund schmiert.

V: Moment, Herr Schmierer. Wir wollen doch sachlich bleiben. Es ist wahr, Sie und Frau Rieber standen nach drei Jahren beide für die Beförderung zum Abteilungsleiter an.

M: Ja, aber trotz besserer Zahlen bin ich es nicht geworden!

V: Nun, ich bin etwas überrascht. Das hört sich ja ganz so an, als hätten Sie auf die Beförderung Wert gelegt. Sie haben uns immer den Eindruck vermittelt, dass Ihnen Ihre Aufgabe Spaß macht und Sie gerne mit Kunden arbeiten. Sie haben mir gegenüber nie erwähnt oder angedeutet, dass Sie das aufgeben wollen und ins Management wechseln möchten.

M: Natürlich möchte ich ins Management. Natürlich will ich vorankommen, wer will das denn nicht! Wie gesagt, ich möchte gerne Karriere machen. Und deshalb überlege ich auch, ob es nicht sinnvoll ist, mich nach einer anderen Stelle umzusehen. Meine Erfahrung und meine Erfolge sprechen für sich, da sollte es nicht allzu schwer sein, jemanden zu finden, der meine Leistungen auch zu würdigen weiß!

V: Warum haben Sie Ihre Ansprüche nie angemeldet?

M: Was hätte das denn gebracht?

V: Wir hätten darüber sprechen können. Wir hätten das Ganze gemeinsam angehen können und gegebenenfalls nach alternativen Möglichkeiten gesucht!

M: Wieso alternative Möglichkeiten?

V: Offen gesagt, standen Sie nur formal zur Beförderung an. Sie sind jung und engagiert, aber Ihnen fehlen noch ein paar wesentliche Eigenschaften, die eine Führungspersönlichkeit ausmachen. Zudem haben Sie keinerlei Erfahrung im Bereich Mitarbeiterführung. Sicherlich wächst man mit seinen Aufgaben, aber wir konnten Ihnen nicht einfach ein Team mit zwölf Mitarbeitern unterstellen. Frau Rieber ist da wesentlich erfahrener und engagierter. Sie hat bereits Mitarbeiter geführt und ist als Frauenbeauftragte bei uns im Unternehmen tätig. Sie hat Erfahrung im Umgang mit anderen Kollegen.

M: Das heißt ja, ich habe gar keine Chance. Dann kann ich mir wirklich gleich einen neuen Job suchen.

V: Nein, das heißt es nicht, Herr Schmierer! Im Gegenteil! Wir sind ein wachsendes Unternehmen und haben immer Bedarf an engagierten Mitarbeitern mit Führungsqualitäten. Sie sind jung und haben dieses Potenzial. Nun gilt es, dieses Potenzial zu fördern.

M: Und wie soll das gehen? Mehr als arbeiten kann ich nicht!

V: Herr Schmierer, ich spreche hier nicht von Ihren Vertriebsaufgaben in unserem Unternehmen, sondern von Fort- und Weiterbildung. Wer beruflich vorankommen möchte, darf nicht stehen bleiben. Führungsqualitäten entwickeln sich in der Regel nicht von alleine.

M: Und was heißt das jetzt für mich?

V: Für Sie heißt das, dass wir uns zusammensetzen und nach Möglichkeiten suchen, wie wir Sie auf Kurs bringen.

M: Und wie sieht das konkret aus?

V: Nun, ich habe da schon ein paar Vorstellungen. Zuerst einmal müssen wir Ihre Kunden wieder einfangen, ansonsten haben wir keine gemeinsame Basis mehr. Herrn Gärtner übernehme ich. Sie kümmern sich darum, dass wir unsere Liefertermine einhalten können, nehmen gegebenenfalls Kontakt zu unseren Kunden auf und glätten die Wogen. Sollte es dabei Probleme geben, reichen Sie den Kunden bitte an mich weiter.

Was Ihre beruflichen Ambitionen betrifft, werde ich mit der Geschäftsführung über mögliche Fortbildungsmaßnahmen sprechen. Sie waren in den vergangenen Jahren überdurchschnittlich erfolgreich, da werden wir uns etwas einfallen lassen. Zudem werde ich darüber nachdenken, Sie zum stellvertretenden Abteilungsleiter zu machen. Dann nehmen Sie an unseren Sitzungen teil und können dabei ohne Druck einiges lernen. Von Zeit zu Zeit vertreten Sie dann auch Frau Rieber und sammeln erste Erfahrungen im Bereich Mitarbeiterführung.

Allerdings erwarte ich von Ihnen, dass Sie sich wieder hochmotiviert an Ihre Arbeit machen und Patzer wie in den vergangenen Tagen auf keinen Fall mehr vorkommen. Sonst sind Sie als Mitarbeiter nicht mehr tragbar.

M: Ich verstehe. Gut, gehen wir es an.

V: Herr Schmierer, ich freue mich, dass wir das klären konnten, auch wenn ich mit Ihrem Ton und Ihren Aussagen während unseres Gesprächs nicht immer einverstanden war.

Nun, wie besprochen, werde ich mit der Geschäftsleitung sprechen und nach Möglichkeiten suchen, wie wir Sie fördern können. Und Sie stellen mir bis Ende nächster Woche Ihre Umsatzzahlen und Kunden sowie ein aussagekräftiges Profil über sich und Ihre Aufgaben zusammen. Ich denke, dass wir uns in spätestens drei bis vier Wochen wieder zusammensetzen sollten. Dann werde ich Ihnen mehr über die Erweiterung Ihres Aufgabenfeldes und mögliche Fortbildungen und dergleichen sagen können.

Viel wichtiger ist im Moment jedoch, dass wir unsere Kunden wieder beruhigen. Mit Herrn Gärtner werde ich persönlich sprechen und Sie kümmern sich unverzüglich um Ihre Kunden und Lieferungen. Ich erwarte morgen noch vor der Mittagspause einen ersten Sachstandsbericht über die Reaktionen der Kunden und den Stand der Lieferungen.

M: Ja, das werde ich in Angriff nehmen und den Bericht erhalten Sie morgen Vormittag. Danke sehr, Herr Trisch!

V: Gerne, Herr Schmierer. Auf Wiedersehen.

Übungsaufgaben zu Mitarbeitergesprächen

Nicht immer sind derart viele Informationen vorgegeben wie in unserem Praxisbeispiel. Dann müssen Sie improvisieren, dem Gespräch Inhalt geben – gegebenenfalls mit Fakten und Informationen, die Sie sich spontan aus den Fingern saugen. Ihr Gegenüber, ganz gleich ob Mitkandidat oder Beobachter, wird Ihren Input mit in die Unterhaltung einbauen (müssen).

Aufgabe 1

Sie sind Johannes Schmidt, Leiter der IT-Abteilung eines größeren mittelständischen Unternehmens. Das Unternehmen beliefert Automobilhersteller und hat schon vor Jahren ins Ausland expandiert. Nun soll die heterogene IT-Landschaft der einzelnen Standorte vereinheitlicht werden. Dazu sollen eine gemeinsame IT-Plattform bereitgestellt sowie die begleitenden Prozesse definiert werden. Die Unternehmensführung hat damit eine renommierte Unternehmensberatung mit dem entsprechenden Know-how beauftragt.

Ihr Team hat in der Vergangenheit schlechte Erfahrungen mit Beratungsfirmen gemacht und so haben sich entsprechende Vorurteile bezüglich einer Zusammenarbeit entwickelt. Die Mitarbeit Ihres Teams ist jedoch vertraglich festgehalten und für einen erfolgreichen Abschluss des Projekts unabdingbar. Als Abteilungsleiter müssen Sie nun mit Ihren Mitarbeitern sprechen und sie auf Kurs bringen.

Vorbereitungszeit: 15 Minuten

Dauer des Gesprächs: rund 30 Minuten

Ihre Notizen

_____
_____
_____
_____
_____
_____
_____

Tipps zur Bewältigung der Aufgabe

- Erarbeiten Sie mit dem Team die genauen Gründe für die Vorurteile.
- Schaffen Sie eine gemeinsame Basis, erarbeiten Sie gemeinsame Ziele.

- Motivieren Sie Ihre Mitarbeiter: Heben Sie bisherige Leistungen Ihrer Mitarbeiter hervor und loben Sie sie noch einmal.
- Achten Sie darauf, dass die Aufgaben und Rollen im Team entsprechend den Interessen und Fähigkeiten der einzelnen Mitarbeiter verteilt werden.
- Verteilen Sie Verantwortungsbereiche und sichern Sie Ihren Mitarbeitern zu, dass sie und die Berater gleichwertige Teammitglieder sind.
- Weisen Sie auf die persönlichen Entfaltungs- und Entwicklungsmöglichkeiten der einzelnen Mitarbeiter hin.
- Bieten Sie sich als Gesprächs- und Ansprechpartner an, falls es während des Projekts Probleme gibt.
- Sagen Sie all Ihren Mitarbeitern Ihre volle Unterstützung während des gesamten Projekts zu.
- Setzen Sie regelmäßige Teammeetings fest, in denen Probleme, Zielsetzungen und Ähnliches besprochen werden können.
- Motivieren Sie Ihre Mitarbeiter, indem Sie Anreize schaffen.
- Halten Sie die Ergebnisse schriftlich fest.

Aufgabe 2

Sie sind Lukas Hirmer, Vertriebsleiter eines mittelständischen Herstellers von Büromöbeln. Sie produzieren keine Massenware oder Komplettzimmer, sondern verkaufen individuelle Einrichtungen, die auf den einzelnen Kunden zugeschnitten werden.

In den vergangenen Monaten sind die Verkaufszahlen stagnierend, seit einem Monat rauschen sie sogar in den Keller – und das trotz steigender Konjunktur. Um das Problem zu lösen, haben Sie ein Meeting mit der Produktionsleitung, der Entwicklungsabteilung und der Marketingabteilung anberaumt. Sie selbst haben in den vergangenen Wochen mit zahlreichen Kunden gesprochen und nun ein Konzept erarbeitet, wie die Absatzzahlen erhöht werden können. Nun müssen Sie nur noch die anderen Abteilungen davon überzeugen.

Vorbereitungszeit: 30 Minuten

Arbeitsmaterialien: Flipchart

Dauer des Meetings: maximal 20 Minuten

Ihre Notizen

_____
_____
_____
_____
_____
_____
_____

Tipps zur Bewältigung der Aufgabe

Vorab

Erarbeiten Sie Ihr Konzept, überlegen Sie sich dabei, welche Einwände von den anderen Abteilungsleitern zu erwarten sind und wie Sie ihnen begegnen können.

Übungsaufgaben zu Mitarbeitergesprächen

Im Gespräch

- Erörtern Sie im Meeting die momentane Situation.
- Präsentieren Sie Ihren Vorschlag.
- Seien Sie offen für Fragen und Anregungen.
- Nehmen Sie Kritik Ihrer Kollegen auf, bauen Sie diese ein oder fragen Sie Ihre Kollegen gegebenenfalls nach deren Lösungsvorschlägen.
- Halten Sie die Ergebnisse schriftlich fest.

Aufgabe 3

Ihr Arbeitgeber, eine Marketing-Agentur, zieht in ein größeres Büro um. Bisher teilten sich stets drei Mitarbeiter ein Arbeitszimmer. Die neuen Räumlichkeiten bieten nun die Möglichkeit, dass ein Kollege ein eigenes Zimmer erhalten könnte. Diskutieren Sie die Situation mit Ihren Kollegen und teilen Sie das Ergebnis samt Begründung Ihrem Vorgesetzten kurz mit.

Vorbereitungszeit: keine

Dauer der Diskussion: maximal 15 Minuten

Präsentation: maximal fünf Minuten

Ihre Notizen

_____
_____
_____
_____
_____
_____
_____

Tipps zur Bewältigung der Aufgabe

Vorab

Überlegen Sie, nach welchen Kriterien die anstehende Entscheidung generell getroffen werden kann.

- Dauer der Nutzung
    - Wer nutzt wie lange seinen Arbeitsplatz?
    - Wer hat viele Termine/Kundentermine außer Haus?
- Art der Nutzung
    - Kundengespräche im Haus, sonstige Besprechungen
    - Zahlreiche Telefonate
    - Schreibarbeiten
- Sonstige Gründe
    - Dauer der Firmenzugehörigkeit (Seniorität)
    - Raucher/Nichtraucher
    - Musikhörer, sonstige Besucher

Überlegen Sie sich, warum Sie das Zimmer bekommen sollten.

- Zahlreiche Kundengespräche im Haus
- Seniorität
- Nichtraucher/Raucher

Überlegen Sie sich einen Kompromiss.

- Die bisherige Aufteilung bleibt bestehen, den zusätzlichen Raum werden alle als Konferenz- oder Besprechungszimmer nutzen können.
- Die bisherige Aufteilung bleibt bestehen, das zusätzliche Zimmer wird zukünftig als Aufenthaltsraum genutzt.
- Gegebenenfalls kann eine jährliche Rotation hilfreich sein.

Im Gespräch

- Versuchen Sie die Moderation der Diskussion zu übernehmen.
- Lassen Sie jeden zu Wort kommen und seine Argumente vortragen.
- Platzieren Sie Ihre Argumente.
- Seien Sie bestimmt, aber auch immer objektiv. Wenn jemand zum Beispiel mehr Kundentermine im Haus hat als Sie, dann gestehen Sie ihm in diesem Punkt seinen Vorrang zu.
- Versuchen Sie, zu einem Ergebnis zu kommen. Stimmen Sie gegebenenfalls ab oder erarbeiten Sie einen Kompromiss.
- Halten Sie das Ergebnis schriftlich fest.

Aufgabe 4

Sie sind Thomas Rieger, Abteilungsleiter. Für Sie arbeiten vier Mitarbeiter und zwei Mitarbeiterinnen. Ihnen ist zu Ohren gekommen, dass sich Ihre Mitarbeiterinnen von Ihnen benachteiligt fühlen. Nun liegt es an Ihnen, mit den Betroffenen zu sprechen und herauszufinden, ob die Gerüchte stimmen. Erarbeiten Sie gegebenenfalls gemeinsam eine Lösung.

Vorbereitungszeit: keine

Dauer des Gesprächs: etwa 15 Minuten

Ihre Notizen

Tipps zur Bewältigung der Aufgabe

- Begrüßen Sie die Mitarbeiterinnen freundlich.

- Kommen Sie zügig zum eigentlichen Anliegen: Berichten Sie von den Gerüchten, die Ihnen zu Ohren gekommen sind, und fragen Sie die Mitarbeiterinnen, ob die Gerüchte stimmen.

- Falls die Mitarbeiterinnen verneinen, haken Sie auf jeden Fall nach. Betonen Sie, dass Sie die Mitarbeiterinnen keinesfalls benachteiligen möchten und Sie auch nicht wollen, dass bei ihnen dieser Eindruck entsteht.

- Machen Sie deutlich, dass es Ihnen nicht bewusst war, dass sich die Mitarbeiterinnen benachteiligt fühlen.

- Erklären Sie auch, dass Sie auf die Unterstützung der Mitarbeiterinnen angewiesen sind, wenn Sie etwas an der Situation ändern wollen.

- Fragen Sie gegebenenfalls erneut nach, ob die Gerüchte wahr sind. Sprechen Sie die Mitarbeiterinnen persönlich an.

- Sollten Sie nicht weiterkommen, bieten Sie den Mitarbeiterinnen an, jederzeit für ein Gespräch bereitzustehen.

- Haben die Mitarbeiterinnen bestätigt, dass an den Gerüchten etwas dran ist, haken Sie nach und bitten Sie sie, Beispiele zu nennen. Zeigen Sie sich offen und verständnisvoll. Sagen Sie zu, in Zukunft verstärkt darauf zu achten, die Mitarbeiterinnen gleichberechtigt zu behandeln.

- Bitten Sie die Mitarbeiterinnen um Unterstützung im Alltag.

- Legen Sie einen erneuten Besprechungstermin mit den Mitarbeiterinnen fest, bei dem Sie noch einmal über die Situation sprechen.

- Vereinbaren Sie einen immer wiederkehrenden Termin, bei dem derartige Probleme besprochen werden können (etwa alle zwei Monate).

Aufgabe 5

Sie sind Jutta Handern und seit kurzem als Teamleiterin und stellvertretende Personalleiterin bei einem in Deutschland angesiedelten Logistikunternehmen beschäftigt.

Generell übernimmt die Vorstellungsgespräche mit Bewerbern der Personalleiter, jedoch hat sich der heute Morgen krank gemeldet. Nun sollen Sie ein erstes Auswahlgespräch mit einem Hochschulabsolventen führen, der in Ihrem Unternehmen ein Trainee-Programm im Bereich Controlling/Logistik absolvieren möchte.

Der Lebenslauf des Kandidaten ist im Lauf des internen Bearbeitungsprozesses verlorengegangen. Lassen Sie sich das nicht anmerken, ebenso wenig soll der Kandidat merken, dass Sie keinerlei Erfahrungen mit Bewerbungsgesprächen haben.

Vorbereitungszeit: zehn Minuten

Dauer des Gesprächs: etwa 15 Minuten

PASSEN SIE DIE AUFGABE AN IHREN TÄTIGKEITSBEREICH AN

Passen Sie diese Übungsaufgabe an Ihren Tätigkeitsbereich an (Vertrieb, Marketing, Consulting etc.). Das Gleiche gilt natürlich auch für die Lösungstipps. Überlegen Sie sich jeweils, was in Ihrem Bereich speziell zu beachten ist.

Ihre Notizen

_____
_____
_____
_____
_____
_____
_____

Tipps zur Bewältigung der Aufgabe

Bereiten Sie ein paar Fragen vor, die sich auf die folgenden Bereiche beziehen:

- Controlling (nur Fragen, die Sie selbst auch beantworten können!)
- Mitarbeiterführung, Mitarbeitermotivation
- Teamarbeit, Projektarbeit
- Persönliches

Aufgabe 6

Sie haben in einem sogenannten 360-Grad-Feedback in Teilbereichen eine schlechte Beurteilung von Ihren Mitarbeitern bekommen. Konkrete Kritik gab es zum einen bei der Mitarbeiterführung und zum anderen bei der Mitarbeitermotivation.

Sie suchen nun das Gespräch mit den Mitarbeitern. Im Vorfeld haben Sie sich schon einige Gedanken gemacht, wie das Arbeitsklima verbessert werden kann. Sie wollen aber vor allem die Sicht Ihrer Mitarbeiter kennenlernen.

Vorbereitungszeit: 15 Minuten

Dauer des Gesprächs: maximal 30 Minuten

Ihre Notizen

_____
_____
_____
_____
_____
_____
_____

Tipps zur Bewältigung der Aufgabe

Vorab

Überlegen Sie sich, wie Sie die Situation insgesamt verändern können, zum Beispiel durch eine Verbesserung des Arbeitsklimas oder durch Mitarbeitermotivation:

- Einbeziehung der Mitarbeiter in Entscheidungen
- Abgabe von Verantwortung

Übungsaufgaben zu Mitarbeitergesprächen

- Mehr Lob, mehr Anerkennung
- Mitarbeiter in die Verbesserung des Arbeitsklimas einbeziehen

Im Gespräch

- Zeigen Sie sich der Kritik Ihrer Mitarbeiter gegenüber offen.
- Fragen Sie gezielt nach, welche Punkte die Mitarbeiter stören und ob sie Ideen haben, wie das Arbeitsklima verbessert werden kann.
- Gehen Sie auf die genannten Punkte ein und zeigen Sie wo, wie und ob Sie etwas verändern können.
- Vereinbaren Sie regelmäßige Termine, bei denen sich alle Beteiligten austauschen.
- Fragen Sie, ob Einzelgespräche von den Mitarbeitern gewünscht werden.
- Halten Sie die Ergebnisse schriftlich fest.

Aufgabe 7

Einer Ihrer Mitarbeiter ist überaus unzuverlässig. Zahlreiche Kunden haben sich bereits über ihn beschwert. Nun ist Ihnen durch sein Versagen ein großer Auftrag verlorengegangen. Eine letzte Abmahnung steht an. Machen Sie Ihrem Mitarbeiter klar, dass sich das Unternehmen beim nächsten Fehlverhalten unwiderruflich von ihm trennen wird.

Vorbereitungszeit: fünf Minuten

Dauer des Gesprächs: etwa zehn Minuten

Ihre Notizen

_____
_____
_____
_____
_____
_____
_____

Tipps zur Bewältigung der Aufgabe

- Kommen Sie möglichst schnell zur Sache. Erläutern Sie Ihrem Mitarbeiter die Situation und den Ernst der Lage. Weisen Sie ihn auf die Konsequenzen seines Verhaltens hin.
- Bleiben Sie sachlich, driften Sie nicht ins Persönliche ab.
- Versuchen Sie zu klären, woran seine Unzuverlässigkeit liegt, und finden Sie heraus, wie sich der Mitarbeiter motivieren lässt.
- Setzen Sie Kontrollmechanismen ein, um künftig zu verhindern, dass dem Unternehmen wieder ein Auftrag verlorengeht.
- Vereinbaren Sie feste Termine, zu denen der Mitarbeiter Statusberichte abliefern muss.
- Halten Sie die Ergebnisse schriftlich fest.

Aufgabe 8

Ihr Mitarbeiter ist seit fünf Jahren im Unternehmen und hat stets überdurchschnittlichen Einsatz gezeigt und zahlreiche Erfolge erzielt. Dieses Jahr hätte eine Beförderung anstehen sollen, doch ein anderer Mitarbeiter wurde ihm vorgezogen. Er möchte nun die Gründe für die ausbleibende Würdigung seiner Leistungen erfahren und hat einen Gesprächstermin mit Ihnen vereinbart.

Sie wissen, dass für ihn dieses Jahr keine Beförderung mehr durchzusetzen ist, dafür sind die Strukturen im Unternehmen zu starr. Machen Sie ihm das klar, ohne seine Motivation zu „beschädigen".

Vorbereitungszeit: fünf Minuten

Dauer des Gesprächs: maximal 15 Minuten

Ihre Notizen

Tipps zur Bewältigung der Aufgabe

Vorab

Überlegen Sie sich Gründe, warum der Mitarbeiter nicht befördert wurde:

- Die Umsatzzahlen des anderen Mitarbeiters waren besser.
- Druck von oben, konnten nur einen Mitarbeiter befördern und er ist ja noch jung.
- Der Mitarbeiter hat zwar die Zahlen erfüllt, ist aber noch zu unerfahren. Er muss erst noch einige Erfahrungen im Bereich Mitarbeiterführung sammeln.

Überlegen Sie sich geeignete Instrumente, um den Mitarbeiter für seine Leistungen zu belohnen, zum Beispiel:

- Bonuszahlung
- Fortbildungsmaßnahme
- Erweiterung des Verantwortungsbereichs
- Sonderurlaub

Im Gespräch

- Da Sie das Gespräch nicht anberaumt haben, lassen Sie Ihr Gegenüber erst einmal sein Anliegen vortragen. Hören Sie dem Mitarbeiter geduldig zu und unterbrechen Sie ihn nicht.
- Weil er im vergangenen Jahr gute Leistungen erbracht hat, stimmen Sie ihm zu und erkennen seine Leistungen an. Loben Sie ihn.

Übungsaufgaben zu Mitarbeitergesprächen

- Bringen Sie ihm die Gründe nahe, warum er nicht befördert wurde.
- Binden Sie ihn in die Lösung ein: Fragen Sie ihn, welche „Belohnungen" – abgesehen von einer Beförderung – er sich vorstellen kann, und gleichen Sie diese mit Ihren Vorstellungen ab.
- Halten Sie das Vereinbarte schriftlich fest.

Aufgabe 9

Sie übernehmen die Rolle von Thomas Teuring. Sie sind seit einem halben Jahr Geschäftsführer eines kleinen Lebensmittelmarkts am Frankfurter Flughafen. Ihre Filiale hat 365 Tage im Jahr von morgens 5.30 Uhr bis abends 23.00 Uhr geöffnet. Es ist Anfang November und die Dienstpläne für die Weihnachtsfeiertage sowie Silvester und Neujahr müssen erstellt werden. Sie wollen sich als offener und gerechter Chef auszeichnen und bitten Ihre Mitarbeiter an einen runden Tisch.

Ihre Idee: Die Mitarbeiter sollen den Dienstplan selbst erstellen, Sie als Vorgesetzter fungieren dabei als objektiver Moderator. Allerdings haben Sie die Rechnung ohne Ihre Mitarbeiter gemacht, von denen keiner in den Abendstunden des 24. Dezember beziehungsweise am ersten Weihnachtsfeiertag arbeiten möchte. Allerdings sind alle bereit, an Silvester oder Neujahr zu arbeiten. Die Situation eskaliert, jetzt sind Sie gefragt: Sie müssen die Situation entschärfen und gemeinsam mit Ihren Mitarbeitern einen Dienstplan erarbeiten.

Weder kennen Sie die familiäre und persönliche Situation Ihrer Mitarbeiter, noch wissen Sie, wer in den vergangenen Jahren an den Feiertagen wann und wie oft gearbeitet hat.

Vorbereitungszeit: fünf Minuten

Dauer des Gesprächs: maximal 20 Minuten

Ihre Notizen

Tipps zur Bewältigung der Aufgabe

Vorab

Überlegen Sie sich ein paar „Belohnungen" für diejenigen, die Heiligabend beziehungsweise am ersten Feiertag arbeiten, zum Beispiel:

- Spezielle Sonderzulage
- Extra-Urlaub, Sonderurlaub

Überlegen Sie, mit welchen anderen Mitteln das Problem gelöst werden könnte, zum Beispiel:

- Kürzere oder längere Dienstschichten
- Veränderte Arbeitszeiten
- Weniger Personal pro Schicht, dafür mehr Einsatz

Im Gespräch

- Halten Sie prinzipiell an Ihrer Idee fest, die Mitarbeiter in die Dienstplangestaltung einzubinden.
- Bitten Sie die Mitarbeiter, die eigene Situation darzustellen.
- Fordern Sie jeden Mitarbeiter dazu auf, einen Dienstplan zu erstellen und einen „eigenen Kompromiss" einzuarbeiten.
- Stellen Sie gegebenenfalls Ihre Ideen und Konzepte vor und diskutieren Sie die Möglichkeiten mit den Mitarbeitern.
- Sollte immer noch keine Lösung möglich sein, geben Sie Ihren Mitarbeitern eine Woche Zeit, die Situation zu überdenken und sich zu einigen. Stellen Sie klar, dass Sie einen Dienstplan erstellen müssen, falls sich die Mitarbeiter auf keine Lösung einigen können. Erklären Sie auch, dass die Mitarbeiter auf diesen Plan schließlich keinen Einfluss mehr haben werden.
- Halten Sie die Ergebnisse schriftlich fest.

Aufgabe 10

Ein bislang äußerst fähiger und zuverlässiger Mitarbeiter kommt neuerdings zu spät und vernachlässigt seine Arbeit. Aufträge bleiben unbearbeitet liegen. Inzwischen machen sich auch seine unmittelbaren Teamkollegen Sorgen. Sie haben den Mitarbeiter für ein klärendes Gespräch zu sich gerufen. Ihr Ziel ist es, die Ursachen für den plötzlichen Leistungsabfall herauszufinden und gegebenenfalls nach Lösungsmöglichkeiten zu suchen.

Vorbereitungszeit: keine

Dauer des Gesprächs: maximal 15 Minuten

Ihre Notizen

_____
_____
_____
_____
_____
_____
_____
_____

Tipps zur Bewältigung der Aufgabe

- Bleiben Sie während des Gesprächs immer sachlich und greifen Sie den Mitarbeiter nicht persönlich an.
- Kommen Sie zügig zum eigentlichen Punkt, vermeiden Sie Smalltalk zu Beginn des Gesprächs.
- Formulieren Sie die Situation und sämtliche damit verbundenen Probleme klar und deutlich. Führen Sie nur Sachverhalte an, die Sie selbst festgestellt haben, greifen Sie nicht auf Gerüchte zurück. Wenn doch, dann sagen Sie, dass es sich um Gerüchte oder um Aussagen von Kollegen handelt.
- Bitten Sie Ihren Mitarbeiter, seine Sicht der Dinge darzustellen.
- Fragen Sie den Mitarbeiter nach den Gründen seines Leistungsabfalls und warum er so häufig zu spät kommt.

- Verdeutlichen Sie Ihrem Mitarbeiter die Konsequenzen seines Handelns, besonders dann, wenn er kein Einsehen hat, zum Beispiel:
  - Verlust von Aufträgen
  - Finanzieller Schaden für die Firma
  - Imageverlust
  - Andere Mitarbeiter müssen seine Aufgaben übernehmen
- Versuchen Sie gemeinsam nach Lösungen zu suchen, zeigen Sie sich flexibel, aber nicht zu nachgiebig. Behalten Sie die Ziele des Unternehmens im Auge.
- Halten Sie die Vereinbarungen schriftlich fest und vereinbaren Sie einen Zeitplan.
- Kündigen Sie an, dass Sie überprüfen werden, ob sich der Mitarbeiter an die Vereinbarungen hält.

Das Kundengespräch

In diesen Bereich fallen Verkaufsgespräche, Verhandlungen und Reklamationen. Sie werden Ihnen im Assessment Center nicht nur dann begegnen, wenn Sie sich um eine Stelle im Betriebswesen bewerben. Verkaufsgespräche zum Beispiel eignen sich hervorragend, um zu sehen, ob Sie in kritischen Gesprächssituationen überzeugen können. Im Gegensatz zum Mitarbeitergespräch, in dem die Abhängigkeiten und Hierarchiestrukturen klar definiert sind, sind Sie mit dem Kunden maximal auf gleicher Ebene und er hat jederzeit die Möglichkeit, „Nein danke, so nicht!" zu sagen. Es ist daher Ihre Aufgabe, das Gespräch zu führen und den Ball im Spiel zu halten.

Im Kundengespräch ist es deshalb noch wichtiger, auf das Gegenüber und seine Reaktionen zu achten. Sie müssen beweisen, dass Sie auf die Argumente anderer eingehen, mit ihnen umgehen oder sie entschärfen können. Konkret bedeutet das, die Bedenken eines zögerlichen Kunden auszuräumen oder einen aufgebrachten Kunden beruhigen und zufriedenstellen zu können.

DARAUF ACHTEN DIE JUROREN

In Kundengesprächen geht es in erster Linie um die folgenden Eigenschaften:

- Kommunikationsstärke
- Einfühlungsvermögen
- Überzeugungskraft
- Menschenkenntnis
- Ergebnisorientiertheit
- Kundenaffinität

Beispiel: So könnte eine Aufgabe zum Kundengespräch aussehen

Sie sind Herr Busch. Als Angestellter eines mittelständischen Unternehmens vertreiben Sie Kartonagen und Verpackungsmaterial jeglicher Art. Zu Ihren Aufgaben gehört es, neue Kunden zu gewinnen oder die Kunden der Konkurrenz abzuwerben. Auf Ihrem Arbeitsplan steht heute das Gespräch mit einem potenziellen Kunden, der Keramikwaren herstellt und verkauft. Ihr Gesprächspartner, Herr Reinhard Zierl, ist der Leiter der Einkaufsabteilung.

Vorbereitungszeit: drei Minuten

Dauer des Gesprächs: maximal 15 Minuten

Lösungsvorschlag

Verkäufer (V): Guten Tag, Herr Zierl. Danke, dass Sie mir einen Termin eingeräumt haben und sich Zeit für mich nehmen.

Kunde (K): Guten Tag, Herr Busch. Das mache ich doch gerne. Worum geht es denn?

V: Wie Sie sicherlich wissen, komme ich von der Firma Gutverpackt. Ich möchte Sie gerne von unserem Produkt überzeugen.

K: Da muss ich Sie leider enttäuschen, wir haben schon einen Lieferanten für Verpackungsmaterial.

V: Ja, das habe ich mir schon gedacht, Herr Zierl. Sind Sie denn mit Ihrem Lieferanten zufrieden oder drückt irgendwo der Schuh? Gibt es vielleicht etwas, das wir besser machen können?

K: Nein, ich bin eigentlich sehr zufrieden.

V: Eigentlich zufrieden? Wie sieht es denn aus? Deckt er alle Bereiche ab, die Sie benötigen?

K: Ja, wir kommen gut zurecht. Er hat alles im Sortiment, was wir brauchen.

V: Gut! Sind Sie denn mit der Qualität der Produkte zufrieden?

K: Auch da kann ich mich nicht beschweren. Es handelt sich immer um einwandfreie Ware.

V: Verstehe. Und wie sieht es mit den Lieferzeiten aus?

K: Auch gut. Aber wir bestellen sowieso immer in größeren Mengen, so sparen wir einiges durch den Mengenrabatt.

V: Wie oft werden Sie denn beliefert?

K: Na ja, alle drei Monate.

V: Oh, dann müssen Sie aber einiges an Lagerkapazitäten haben. So groß habe ich das Gelände hier gar nicht eingeschätzt.

K: Na ja, den Platz könnten wir sicher auch anderweitig verwenden, es ist schon eng. Aber der Rabatt ist eben auch nicht zu verachten.

V: Nun, wir haben hier im Umkreis einige Kunden, da ließe sich sicherlich etwas bei den Lieferkosten machen. Wir fahren hier mehrmals im Monat hin. Da ließen sich die Lieferkosten minimieren, wenn wir einige Lieferungen zusammenlegten. Schließlich wollen wir ja mit unseren Produkten Geld verdienen, nicht mit der Lieferung.

K: Ja, schon. Aber wie sieht es denn mit dem Rabatt aus? Ich bin einige Jahre bei Gutverpackt Kunde und habe dementsprechend gute Konditionen.

V: Das verstehe ich. Ich kenne die Preise von Gutverpackt ganz gut. Ich kann Ihnen Folgendes anbieten: Wir fassen Ihre Bestellungen für drei bis sechs Monate zusammen und Sie erhalten unseren entsprechenden Rabatt. Dann kommen Sie ja auf den gleichen Preis.

K: Hm. Ich weiß nicht.

V: Vergessen Sie die Vorteile nicht, Herr Zierl. Abgesehen davon, dass Sie erhebliche Lagerkosten einsparen, weil Sie den Platz jetzt besser nutzen können, sind Sie auch wesentlich flexibler.

K: Na ja, ich weiß nicht.

V: Überlegen Sie mal, Herr Zierl. Sie können kurzfristig ordern und wir liefern Ihnen die Ware zuverlässig. Wir können Sie einmal im Monat beliefern und zu Stoßzeiten wie etwa Weihnachten oder Ostern oder zum Muttertag auch außerhalb der Reihe.

K: Das hört sich eigentlich ja schon gut und vernünftig an.

V: Glauben Sie mir, Herr Zierl. Das ist gut und vernünftig. Denken Sie an die Lagerkosten und Ihre Flexibilität. Und Ihren Rabatt erhalten Sie obendrein auch noch. Da kommen wir doch ins Geschäft, Herr Zierl.

K: Ja, ich denke, Sie haben recht. Da kommen wir ins Geschäft.

Übungsaufgaben zu Verhandlungen, Reklamationen und Verkaufspräsentationen

In der Ruhe liegt die Kraft. Das ist vor allem für Kundengespräche wichtig, die Sie im Assessment Center ebenfalls führen müssen. Die folgenden Übungen sollen Ihnen nicht nur konkrete Aufgabenstellungen zeigen, sondern Sie auch dabei unterstützen, die nötige Ruhe für Gespräche dieser Art zu entwickeln.

Aufgabe 1: Verhandlung

Sie beliefern seit Jahren Gaststätten, Hotels und Delikatessengeschäfte mit frischem Obst, Gemüse und Kräutern und sind bekannt für Ihre äußerst gute Qualität, die allerdings auch ihren Preis hat. Einer Ihrer größten Kunden hat beschlossen zu sparen und sich von der Konkurrenz ein Gegenangebot eingeholt, das Ihre Preise um rund 20 Prozent unterbietet.

Sie haben gerade seine Vertragskündigung per Fax erhalten. Nun meldet sich der Kunde per Telefon, um ein Gegenangebot von Ihnen zu erhalten. Ihnen sind bei der Preisgestaltung jedoch nahezu die Hände gebunden, Sie können maximal einen Rabatt von sechs bis sieben Prozent gewähren.

Versuchen Sie den Kunden mit überzeugenden Argumenten und Verhandlungsgeschick zu halten.

Vorbereitungszeit: keine

Dauer des Gesprächs: zehn bis 15 Minuten

Ihre Notizen

Tipps zur Bewältigung der Aufgabe

Vorab

Überlegen Sie, was Sie dem Kunden neben einem generellen Preisnachlass noch bieten können, zum Beispiel:

- Lieferung alle zwei, drei Tage – Mengenrabatt, geringere Lieferkosten
- Weitere Streuung der Produkte: Kartoffeln, Karotten usw. – je mehr der Kunde kauft, desto besser der Preis

Erarbeiten Sie Argumente, um den Kunden von Ihnen und Ihren Produkten zu überzeugen, zum Beispiel:

- Gleichbleibende, hohe Qualität der Produkte
- Exklusivität der Produkte: ausgefallene exotische Früchte
- Zuverlässigkeit bei Lieferung und Beratung

Im Gespräch

- Lassen Sie zuerst den Kunden sprechen.
- Fragen Sie, ob und warum er nicht mehr mit Ihnen oder Ihren Produkten zufrieden ist.
- Heben Sie zuerst die Qualität Ihrer Produkte hervor und nennen Sie dann die von Ihnen vorab erarbeiteten Argumente.
- Gehen Sie auch auf die Argumente des Kunden ein und versuchen Sie, diese zu entkräften.
- Legen Sie dann Ihre vorab erarbeiteten Überlegungen, was Sie noch anbieten können, nach.
- Bewahren Sie sich den möglichen Rabatt von sechs bis sieben Prozent bis ganz zum Schluss auf. Kombinieren Sie ihn noch einmal mit den anderen Vorteilen, die Sie dem Kunden bieten können.
- Will der Kunde gar nicht darauf eingehen, bitten Sie ihn, die Sache noch einmal zu überdenken. Bieten Sie ebenfalls an, noch einmal in sich zu gehen und ein konkretes Angebot zu kalkulieren.
- Geben Sie nicht zu schnell auf, vertagen Sie die Entscheidung notfalls lieber!

Aufgabe 2: Verkaufspräsentation

Sie sind Handelsvertreter für Küchenutensilien. Ihr neustes Produkt sind sogenannte Skruba. Es handelt sich dabei um Putz-, Schrubb- und Schälhandschuhe für Kartoffeln, Karotten und andere Gemüsesorten. Die Handschuhe sind aus speziellem Material und gleichen Stahlwolle. Sie sollen die Putz- und Schälarbeit bei rohen und gekochten Kartoffeln und anderen Gemüsearten erleichtern.

Sie befinden sich nun auf der hogatec, einer internationalen Fachmesse für Hotellerie und Gastronomie, und müssen das Produkt einem äußerst skeptischen Fachpublikum vorstellen und es von dessen Nutzen überzeugen. Ihr Ziel ist es, mindestens drei der fünf potenziellen Kunden für das neue Produkt zu gewinnen.

Vorbereitungszeit: drei Minuten

Präsentationsdauer: zehn Minuten

Ihre Notizen

_____
_____
_____
_____
_____
_____
_____

Tipps zur Bewältigung der Aufgabe

Vorab

Erarbeiten Sie die Vorteile des Putz- und Schälhandschuhs, zum Beispiel:

- Schnelleres Putzen roher Kartoffeln und anderer Gemüsesorten wie Karotten
- Einfacheres Schälen von Pellkartoffeln
- Keine Verletzungsgefahr
- Weniger Abfall, somit Kosten- und Zeitersparnis

Erarbeiten Sie weitere Strategien, wie Sie überzeugen können, zum Beispiel:

- Handschuh selbst ausprobieren lassen
- Messeangebot: zwei zum Preis von einem

Während der Präsentation

- Sprechen Sie die Kunden direkt an.
- Beziehen Sie die Kunden in die Präsentation mit ein.
- Lassen Sie die Kunden den Handschuh selbst ausprobieren und ihre Erfahrungen den anderen Kunden mitteilen.
- Heben Sie die Vorteile des Handschuhs hervor.
- Weisen Sie die Kunden auf Ihr spezielles Angebot hin.
- Fragen Sie gegebenenfalls gezielt nach, warum die Kunden den Handschuh nicht kaufen möchten. Nutzen Sie deren Antworten, um weitere Verkaufargumente zu erarbeiten.

Aufgabe 3: Reklamation

Sie sind Leiter einer Event-Agentur. Derzeit sind Sie und Ihr Team mit der Planung und Ausführung einer kurzfristig anberaumten Hochzeit mit 250 Gästen aus dem In- und Ausland betraut. Den Auftrag haben Sie vor einer Woche erhalten. Die Vorbereitungen laufen auf Hochtouren, denn es sind nur noch zwei Wochen, bis der Termin stattfindet. Kirche und die Örtlichkeiten für die anschließende Feier am Starnberger See sind gebucht, die Einladungen gedruckt. Soeben haben Sie einen Anruf der Braut erhalten. Sie ist fürchterlich aufgebracht, da in den Einladungskarten weder ihr Name noch der Name des Bräutigams richtig geschrieben ist. Zudem findet die Hochzeit laut Einladung am Ammersee statt. Da die Situation mit der Braut am Telefon nicht zu klären war, haben Sie sie zu sich in die Agentur gebeten, um die Angelegenheit zu besprechen.

Inzwischen haben Sie herausgefunden, dass der Fehler in Ihrer Agentur zu finden ist. Einer Ihrer Mitarbeiter hat eine alte Einladung kopiert und die Daten zwar entsprechend geändert und als Beispieleinladung ausgedruckt, die Änderungen jedoch nicht abschließend gespeichert. Die Braut ist bereits bei Ihrer Assistentin angekommen und wird jeden Augenblick Ihr Zimmer betreten.

Vorbereitungszeit: eine bis maximal zwei Minuten

Dauer des Gesprächs: 15 Minuten

Ihre Notizen

_____
_____
_____
_____
_____
_____

Tipps zur Bewältigung der Aufgabe

Machen Sie sich schnell ein paar Gedanken zur Lösung der Situation, versuchen Sie gegebenenfalls etwas Zeit zu gewinnen.

- Begrüßen Sie die Braut freundlich und ausgiebig.
- Bieten Sie ihr einen Sitzplatz und einen Kaffee an.

Erklären Sie die Situation und drücken Sie Ihr Bedauern, aber auch Ihr Verständnis für die Braut aus. Bieten Sie dann Ihre Lösungsvorschläge an.

Aufgabe 4: Reklamation

Sie sind Geschäftsführer eines Modehauses in der Hamburger Innenstadt. Es ist Mitte Januar und Sie erhalten einen Anruf einer Mitarbeiterin aus dem Verkauf. Eine Kundin will ein Designer-Abendkleid im Wert von 2.000 Euro zurückgeben, da es ihr angeblich doch nicht so gut gefällt. Das Kleid ist jedoch offensichtlich getragen worden und lässt sich nicht mehr verkaufen.

Da Ihre Mitarbeiterin sich geweigert hat, das Kleid zurückzunehmen, ist die Dame laut und ausfallend geworden. Inzwischen haben sich rund zwei Dutzend Schaulustige im Geschäft und auf der Straße versammelt, um das Spektakel zu beobachten. Ihre Mitarbeiterin bittet Sie nun, in den Verkaufsraum zu kommen und die Angelegenheit mit der Dame abschließend zu klären.

Vorbereitungszeit: keine

Dauer der Übung: maximal 15 Minuten

Ihre Notizen

_____
_____
_____
_____
_____
_____

Tipps zur Bewältigung der Aufgabe

Vorab

Überlegen Sie sich auf dem Weg in den Verkaufsraum, wie Sie mit der Situation umgehen wollen. Denken Sie darüber nach, ob Sie der Kundin entgegenkommen möchten und wenn ja, wie. Beispiele:

- Sie nehmen das Kleid zurück.

- Sie nehmen das Kleid nicht zurück, gewähren der Kundin allerdings beim nächsten Einkauf einen Rabatt von 15 Prozent.

Während des Kundengesprächs

- Entspannen Sie die Situation, indem Sie die Kundin aus dem Verkaufsraum führen, am besten in Ihr Arbeitszimmer oder ein Besprechungszimmer. So entkommen Sie den Schaulustigen und die Kundin hat kein Publikum mehr.

- Bieten Sie der Kundin einen Sitzplatz und etwas zu trinken an.

- Lassen Sie sich ihre Version der Sachlage schildern.

- Zeigen Sie Verständnis, das beruhigt die Kundin.

- Schildern Sie der Kundin dann, wie Sie die Situation sehen.

- Unterbreiten Sie der Kundin nun Ihr Angebot. Schöpfen Sie aber nicht den ganzen Spielraum aus, sondern halten Sie etwas für ein zweites Angebot zurück. Erklären Sie der Kundin gegebenenfalls, dass Sie das Kleid nicht zurücknehmen müssen und Ihr Angebot reine Kulanz ist, da Sie die Kundin nicht verlieren möchten.

Übungsaufgaben zu Verhandlungen, Reklamationen und Verkaufspräsentationen

Aufgabe 5: Verkaufsgespräch

Sie sind Martin Eiser, Mitarbeiter eines Finanzdienstleisters. Vor drei Monaten haben Sie und Ihre Mitarbeiter die Auflage erhalten, Ihre Kunden verstärkt auf den Natur-Aktien-Index beziehungsweise auf Natur-Aktien samt Fonds hinzuweisen. Bislang haben Sie aber noch keine Zeit gefunden, sich in die Materie einzuarbeiten, zumal auch keiner Ihrer Kunden Interesse angemeldet hat. Nun sollen Sie kurzfristig eine Neukundenberatung eines Kollegen, der sich heute krank gemeldet hat, übernehmen.

Der besagte Kunde ist an Investitionen im Rahmen der Natur-Aktien interessiert und möchte sich über die Anlageform informieren lassen. Ihr Vorgesetzter hat Ihnen in der Vergangenheit bereits mehrfach mangelnden Fortbildungs- und Informationswillen vorgeworfen und mit Konsequenzen gedroht, falls sich das nicht ändert. Sie können die Beratung des Neukunden also nicht an einen anderen Berater abgeben.

In der Kürze der Zeit haben Sie im Internet recherchiert und die folgenden Informationen zusammengetragen. Ihr Kundentermin beginnt in 15 Minuten. Ihre Informationsmaterialien dürfen Sie während der Beratung benutzen.

Vorbereitungszeit: 15 Minuten

Gesprächsdauer: maximal 15 Minuten

→ Der Natur-Aktien-Index (NAI) umfasst insgesamt 30 internationale Unternehmen, die nach besonders konsequenten Maßstäben als erfolgreiche Öko-Vorreiter ausgewählt werden. Der NAI besteht seit 1997 und gilt als Orientierung für „grüne Geldanlagen". Indexprovider ist SECURVITA. Der unabhängige NAI-Ausschuss entscheidet auf Grundlage der verbindlichen NAI-Kriterien, welche Unternehmen im NAI vertreten sind. Diese Unternehmen sind nach Ländern und Branchen gestreut und werden als langfristig ertragreich eingeschätzt. Die Kursentwicklung des NAI wird von vwd berechnet.

→ Paradebeispiel eines grünen Index ist der Natur-Aktien-Index. Er nimmt weltweit grüne, überwiegend kleinere Unternehmen auf, die nicht nur sehr strengen Nachhaltigkeitskriterien unterliegen, sondern gleichzeitig einen aktiven Beitrag zur ökologisch und sozial nachhaltigen Lösung von zentralen Problemen der Menschheit leisten.

→ Anleger und Vermögensverwalter orientieren sich zunehmend an Nachhaltigkeitsindizes. Spitzenreiter in der Wertentwicklung ist der deutsche Natur-Aktien-Index (NAI).

→ Grüne Geldanlage kann sich für Anleger lohnen. Seit seiner Auflage im April 1997 hat der NAI ein Plus von 306 Prozent erwirtschaftet. Das sind 15,6 Prozent pro Jahr. Zum Vergleich: Der herkömmliche Aktienindex MSCI Welt stieg selbst inklusive Dividendenzahlungen im gleichen Zeitraum nur um 6,7 Prozent pro Jahr. Wer sich den Aktienmix aus grünen Anlagen nicht selbst zusammenstellen möchte, kann auf Fonds zurückgreifen. So investiert etwa der Fonds GreenEffects ausschließlich in Werte des NAI. Und das mit Erfolg: Der Fonds GreenEffects NAI-Werte schneidet im Fondsdauertest überdurchschnittlich ab.

→ Umwelttechnik schafft nicht nur ein gutes Gewissen, sie ist auch hochprofitabel. Nicht verwunderlich also, dass Anlageprodukte mit Öko-Label regen Zulauf finden.

→ Dass sich auch mit einem nach ökologischen und sozialen Kriterien anlegenden Fonds ordentlich Geld verdienen lässt, beweist der GreenEffects NAI-Wertefonds, der sich seit kurzem mit der Fondsnote 1 schmücken darf.

→ Immer mehr Anleger wollen ihr Geld in sozial und ökologisch verantwortungsbewusst handelnde Unternehmen investieren. In den vergangenen Jahren haben einige sogenannte Nachhaltigkeitsfonds dabei sogar deutlich höhere Gewinne erzielt als konventionelle Fonds.

→ Wer zu Beginn des Jahres 2001 auf Werte des Natur-Aktien-Index (NAI) setzte, konnte sein Kapital bis heute weit mehr als verdoppeln. Im führenden konventionellen internationalen Index MSCI gehandelte Papiere verbuchten im gleichen Zeitraum dagegen nur einen Gewinn von rund acht Prozent.

→ Für umweltbewusste Privatanleger, die an den Kursentwicklungen des NAI teilhaben wollen, ist der Aktienfond GreenEffects genau das Richtige. Der Ausgabeaufschlag beträgt vier Prozent, die jährliche Verwaltungsgebühr 0,97 Prozent.

Um im NAI gelistet zu sein, müssen Unternehmen bestimmte Mindestanforderungen erfüllen:

- Ökologischer Vorreiter in ihrer Branche sein,
- sich um die Steigerung ihrer Ökobilanz, das bedeutet die Einsparung von Energie, Wasser und Rohstoffen bemühen,
- nachhaltig wirtschaften, also neben der ökologischen auch ökonomische und soziale Perspektiven schaffen,
- keiner umweltschädigenden Branche wie der Atom-, Rüstungs-, PVC- oder Tabakindustrie angehören,
- teilweise schon am Markt etabliert, teilweise Pionierunternehmen sein und
- mehrheitlich einen Jahresumsatz von mehr als 100 Millionen Euro haben.

Aktueller Tageskurs	5.764,36
Jahrestief	5.762,78
Jahreshoch	5.989,09
52-Wochen-Hoch	4.649,31
52-Wochen-Tief	6.120,71
Kursentwicklung Vorjahr	–3,15 %

Auswahl an Unternehmen im NAI

Unternehmen	Land	Branche	Kurstendenz
Aixtron	Deutschland	Halbleiteranlagen	↑
Boiron	Frankreich	Homöopathie	↓
BWT	Österreich	Wasseraufbereitung	→
Gaiam	USA	Ökoprodukte	↑
Höganäs	Schweden	Metallverarbeitung	→
Solarwind	Deutschland	Fotovoltaik	↓
Starbucks	USA	Einzelhandel	↑
Vestas Wind	Dänemark	Windturbinen	↑
Westpac	Australien	Banken	→

Ihre Notizen

Tipps zur Bewältigung der Aufgabe

- Lesen Sie die Texte sorgfältig und tragen Sie alle wichtigen Informationen zusammen. Markieren Sie diese gegebenenfalls mit einem Leuchtstift, damit Sie sie im Gespräch schneller finden können.
- Selektieren Sie die Informationen, die Sie dem Kunden zu Beginn des Gesprächs als kleine Zusammenfassung vortragen wollen.
- Suchen Sie sich zwei, drei Aktienwerte heraus, die Sie empfehlen möchten.

Aufgabe 6: Verhandlung

Sie sind technischer Kundenberater bei einer Baufirma, die Fertighäuser erstellt. Zur Grundausstattung der Häuser gehören Lichtschalter und Steckdosen der Firma A. Die Produkte sind schlicht und einfach, wirken aber keinesfalls billig. Bei den Kunden sind sie weitgehend beliebt. Zwar fragen die Bauherren in der Regel nach den hochwertigeren Produkten, da diese eleganter und moderner aussehen, doch den Mehrpreis wollen die wenigsten Kunden bezahlen.

Durch das Verhandlungsgeschick Ihres Einkäufers können Sie Ihren Kunden seit einem Monat ein hochwertigeres Produkt ohne Mehrkosten anbieten und haben Ihre Produktpalette entsprechend angepasst. Sie erhalten nun den Anruf eines aufgebrachten Kunden, dessen Haus das Unternehmen gerade aufgestellt hat. Der Innenausbau ist ebenfalls abgeschlossen. Der Kunde hat von den neuen Lichtschaltern und Steckdosen gehört und fühlt sich betrogen und „über den Tisch gezogen", da die Verhandlungen mit dem neuen Anbieter seiner Meinung nach bereits stattgefunden hatten, als er noch die Wahl bei den Produkten hatte. Er hätte informiert werden müssen. Kurz: Er möchte seine „alten" Schalter und Steckdosen kostenlos ausgetauscht bekommen. Sie bitten Ihre Sekretärin, den Kunden kurz in die Warteschleife zu setzen, damit Sie sich ein paar Gedanken machen können.

Vorbereitungszeit: eine Minute

Gesprächsdauer: fünf Minuten

Ihre Notizen

Tipps zur Bewältigung der Aufgabe

Vorab

Überlegen Sie sich, ob Sie und zu welchen Zugeständnissen Sie bereit sind:

- Austausch der Schalter und Steckdosen ohne zusätzliche Kosten, immerhin ist ein unzufriedener Kunde keine gute Werbung.
- Austausch der Schalter und Steckdosen, der Kunde zahlt die Handwerker- und Fahrtkosten.
- Austausch der Schalter und Steckdosen gegen geringen Aufpreis, immerhin bleiben Sie auf den Kosten für die alten Schalter und Steckdosen sitzen.
- Kein Austausch ohne vollen Kostenersatz durch den Kunden.

Im Gespräch
- Zeigen Sie Verständnis für den Kunden, geben Sie aber nicht gleich nach.
- Erklären Sie ihm, dass das Unternehmen aus der Situation keinen Nutzen gezogen und den Kunden nicht „über den Tisch gezogen" hat.

Aufgabe 7: Reklamation, Verhandlung

Sie betreiben einen kleinen Versandhandel für exklusives Holzspielzeug. Ihre Bestellungen gehen per Internet und Telefon ein und werden von den Mitarbeitern direkt ins System eingegeben.

Bei einem Großhändler haben Sie nun ein Schnäppchen gemacht und 20 PC-Komplettsysteme zu einem unschlagbar günstigen Preis erstanden. Die Geräte sind bei Ihnen im Betrieb installiert, Ihre bisherigen Computer haben Sie ausgemustert. Nun häufen sich die Klagen Ihrer Mitarbeiter, das System sei zu langsam, würde ständig „abstürzen". Dadurch gingen nicht nur Kundendaten, sondern auch zahlreiche Bestellungen verloren.

Ihre telefonischen Beschwerden wurden stets mit dem Hinweis auf den günstigen Preis abgetan, ein Kundenservice wurde Ihnen nicht angeboten. Daher haben Sie einen persönlichen Termin mit dem Filialleiter beziehungsweise dem Geschäftsführer des Großhändlers vereinbart, um die Angelegenheit zu klären.

Vorbereitungszeit: fünf Minuten

Gesprächsdauer: maximal 15 Minuten

Ihre Notizen

_____
_____
_____
_____
_____
_____

Tipps zur Bewältigung der Aufgabe

Vorab
- Überlegen Sie, was Sie genau erreichen möchten und wo Ihre Präferenzen liegen, zum Beispiel:
  - ☐ Rücknahme der Produkte
  - ☐ Kundenservice, der die Produkte repariert
  - ☐ Ersatzgeräte
  - ☐ Schadenersatz

- Überlegen Sie sich einen Argumentationsansatz, zum Beispiel:
  - ☐ Die Funktionstüchtigkeit der Geräte darf nicht vom günstigen Preis abhängen.
  - ☐ Kundenservice muss doch wohl vorhanden sein.
- Bleiben Sie hartnäckig in den Verhandlungen, lassen Sie sich nicht mit einer billigen Lösung abspeisen.
- Nutzen Sie die Macht der Pause und lassen Sie Ihr Gegenüber auf Sie zukommen.
- Zeigen Sie sich offen für Kompromisse. Immerhin liegt Ihr Versandhandel derzeit nahezu brach und Sie sind an einer schnellen Lösung interessiert.

Aufgabe 8: Verhandlung

Sie möchten eine Gaststätte eröffnen und sind gerade dabei, die Ausstattung zusammenzutragen. Um möglichst viel Startkapital einzusparen, versuchen Sie Kooperationspartner und Investoren zu finden. Heute haben Sie einen Termin bei einer bundesweit bekannten Brauerei.

Sie wollen nicht nur über Tische, Stühle und Sonnenschirme für den Außenbereich sprechen, sondern den Vertreter der Brauerei dazu bewegen, sich auch an den Setz- und Druckkosten für die Speisekarten zu beteiligen und einen Getränkekühlschrank bereitzustellen. Gleichzeitig wollen Sie sich aber nur auf möglichst wenige Gegenleistungen einlassen. Sie haben außerdem nicht vor, sich nur auf einen Bier- oder Getränkelieferanten einzulassen, denn Sie wollen eine abwechslungsreiche Getränkekarte mit Produkten von unterschiedlichen Anbietern gestalten.

Vorbereitungszeit: zehn Minuten
Gesprächsdauer: maximal 15 Minuten

Ihre Notizen

Tipps zur Bewältigung der Aufgabe

Vorab

Überlegen Sie, was Sie bereit sind, als Gegenleistung zu erbringen, zum Beispiel:

- Sie stellen Werbefläche auf Möbeln, Bierdeckeln und Speisekarten zur Verfügung.
- Sie verpflichten sich zu Mindestabnahmemengen.
- Sie bringen ein Extra-Schild im Eingangsbereich an.
- Bei Werbeschaltungen Ihres Restaurants, beispielsweise in der Tagespresse, kann die Brauerei ihr Logo platzieren.

Überlegen Sie sich, was Sie der Brauerei zu bieten haben, zum Beispiel:

- Werbefläche auf Sonnenschirmen, Möbeln und auf der Speisekarte.
- Eventuell können Sie das Bier in einer Region anbieten, in der die Brauerei bislang noch nicht Fuß gefasst hat, da die regionalen Anbieter im Markt sehr stark vertreten sind.

Während der Verhandlung

Verschießen Sie nicht gleich Ihr gesamtes Pulver, sondern wägen Sie ein Zugeständnis nach dem anderen ab – je nachdem, wie Ihr Gegenüber reagiert.

Die Gruppendiskussion als Rollenspiel

Gruppendiskussionen können ebenfalls in Form von Rollenspielen stattfinden (siehe hierzu auch das Kapitel „Gruppendiskussionen").

ACHTUNG: DARAUF ACHTEN DIE JUROREN

Bei Gruppendiskussionen nehmen die Juroren verstärkt die folgenden Eigenschaften ins Visier:

- Kommunikationsfähigkeit
- Durchsetzungsvermögen
- Kooperationsfähigkeit
- Konfliktfähigkeit
- Sprachliches Ausdrucksvermögen
- Sozialverhalten
- Teamfähigkeit
- Kollegialität
- Integrationsverhalten
- Koordinationsfähigkeiten
- Moderationsfähigkeiten
- Einfühlungsvermögen
- Zielstrebigkeit
- Selbstkontrolle
- Ergebnisorientiertheit

Übungsaufgaben

Laden Sie ein paar Freunde, Bekannte oder Studienkollegen ein und spielen Sie die nachfolgenden Diskussionsrunden durch. Achten Sie bei dieser Übung darauf, dass Sie die vorgegebene Diskussionsdauer nicht überschreiten. Kurz vor Ablauf der Zeit fassen Sie die Ergebnisse noch einmal zusammen.

Gruppendiskussionen als Rollenspiel unterliegen einer ganz besonderen Dynamik. Hier muss man nicht den eigenen Standpunkt vertreten, sondern den eines anderen. Es ist daher besonders wichtig, sich in die Rolle der jeweiligen Person hineindenken zu können. Nutzen Sie die Vorbereitungszeit und stellen Sie sich folgende Fragen:

- Welche Ziele verfolgt diese Person und warum?
- Welche Interessen hat diese Person und warum?

- Wie sehen die Rahmenbedingungen dieser Person aus?
- Sammeln Sie nicht nur Standpunkte, sondern überlegen Sie sich auch Argumente, die die jeweilige Meinung untermauern.
- Entkräften Sie nicht einfach nur die Argumente der Gegenseite oder wandeln diese um, sondern tragen Sie eigene Argumente zusammen.

Aufgabe 1

Gewerkschaften haben schon lange kein gutes Image mehr. Interne Querelen, Mitgliederschwund, Globalisierung – sind Gewerkschaften noch zeitgemäß? Diskutieren Sie die Frage mit den anderen Teilnehmern. Nehmen Sie dabei die Position eines Führungsmitglieds von ver.di ein.

Vorbereitungszeit: zehn Minuten

Diskussionsdauer: 60 Minuten

Ihre Notizen

Aufgabe 2

Sind die Gehälter von Spitzenmanagern sozial ungerecht und sollten „gedeckelt" werden – ja oder nein? Treten Sie in der Diskussionsrunde für eine Begrenzung der Gehälter ein und versuchen Sie, Ihre Gegner von Ihrem Standpunkt zu überzeugen.

Vorbereitungszeit: fünf Minuten

Diskussionsdauer: 45 Minuten

Ihre Notizen

Aufgabe 3

Weibliche Führungskräfte sind die besseren Manager. Das ist das Ergebnis einer Studie, die das internationale HR-Consulting-Unternehmen Caliper Europe veröffentlicht hat. Sind Frauen tatsächlich die besseren Manager? Diskutieren Sie diese Frage mit vertauschten Rollen.

Vorbereitungszeit: fünf Minuten

Diskussionsdauer: 30 Minuten

Ihre Notizen

Aufgabe 4

Diskutieren Sie die Fragestellung „Wie sinnvoll ist ein Nachtflugverbot an deutschen Flughäfen?" mit den anderen Kandidaten. Nehmen Sie dabei die Position eines Lufthansa-Vorstandsmitglieds ein.

Vorbereitungszeit: zehn Minuten

Diskussionsdauer: 45 Minuten

Ihre Notizen

Aufgabe 5

Sie sind Bereichsleiter „After Sales" eines deutschen Automobilkonzerns. Laut Beschluss des Vorstands muss gespart werden, 20 Prozent im kommenden Jahr. Erarbeiten Sie mit den übrigen Bereichsleitern, wo und wie gespart werden kann. Versuchen Sie dabei, Ihren Bereich vom Kosten- und Spardruck zu verschonen.

Vorbereitungszeit: zehn Minuten

Diskussionsdauer: 45 Minuten

> **! ACHTUNG — PASSEN SIE DIE AUFGABE AN IHREN TÄTIGKEITSBEREICH AN**
>
> Passen Sie diese Übungsaufgabe an Ihren Tätigkeitsbereich an (Vertrieb, Marketing, Consulting etc.). Was ist in Ihrer Branche und in Ihrem Tätigkeitsbereich im Zusammenhang mit Einsparungen besonders wichtig?

Ihre Notizen

Aufgabe 6

Diskutieren Sie die Fragestellung „Schießt das Elterngeld an den gesteckten Zielen vorbei?" mit den anderen Kandidaten. Nehmen Sie dabei die Position der Bundesregierung ein, die die Einführung des Elterngelds als vollen Erfolg deklariert.

Variante: Nehmen Sie alternativ die Rolle eines Vaters ein, der sich aus karrieretechnischer oder finanzieller Sicht eine derartige Auszeit nicht leisten kann.

Vorbereitungszeit: fünf Minuten

Diskussionsdauer: 30 Minuten

Ihre Notizen

Konstruktionsaufgaben

Konstruktionsaufgaben sind in der Regel Gruppenübungen. Im Vordergrund stehen dabei Teamfähigkeit sowie die Abstimmungs- und Arbeitsprozesse innerhalb des Teams. Für Sie bedeutet das in erster Linie, dass Sie nicht als Einzelkämpfer agieren, sondern im Team eine Lösung erarbeiten müssen. Da Sie sich dennoch profilieren und beweisen wollen, müssen Sie auf zwei Ebenen agieren. Neben der Integration ins Team sollten Sie daher sogenannte Führungs- beziehungsweise Organisationsaufgaben übernehmen, um sich von den anderen Teilnehmern abzuheben. Das gelingt Ihnen am besten, wenn Sie zu Beginn der Bearbeitungszeit versuchen, die Übung zu strukturieren.

DARAUF ACHTEN DIE JUROREN

Bei den Konstruktionsaufgaben kommt es vor allem auf die folgenden Eigenschaften an:

- Teamfähigkeit
- Kreativität
- Ausdauer
- Arbeitsorganisation
- Motivation

Wie Sie die Arbeit des Teams strukturieren können

- Prüfen Sie das Potenzial Ihrer Gruppen: Fragen Sie im Team nach, ob jemand Erfahrungen mit derartigen Aufgaben hat und sein Wissen und seine Erfahrungen einbringen kann. Erkundigen Sie sich zudem, ob einer der Bewerber über spezielle Kenntnisse verfügt, die bei der Lösung hilfreich sein könnten.
- Sammeln Sie die Lösungsvorschläge der Kandidaten.
- Bringen Sie ebenfalls einen Vorschlag ein.
- Sortieren Sie weniger erfolgversprechende Vorschläge aus.
- Beziehen Sie ruhige Teilnehmer mit in die Diskussion ein, jedoch ohne sie bloßzustellen. Fragen Sie die Teilnehmer daher nicht nach eigenen Lösungen, sondern was der- oder diejenige von einer bestimmten Lösung hält.

KOPIEREN SIE NICHT, SONDERN SEIEN SIE SELBST KREATIV

Bei dieser Übung kommt es auch auf die Kreativität an. Selbst wenn Ihre Idee nicht erfolgversprechend oder nur wenig überzeugend ist: Ein eigener Entwurf ist besser als eine gestohlene Lösung. Mit reiner Nachahmung hinterlassen Sie und Ihre Gruppe zudem keinen guten Eindruck.

Sollte Ihre Konstruktion die Erwartungen und Zielsetzungen nicht erfüllen, versuchen Sie dennoch, eine gute Stimmung im Team zu wahren. Zeigen Sie Selbstbewusstsein und Zuversicht. Motivieren Sie Ihre Teamkollegen, auch wenn es keinen zweiten Versuch geben wird. Sätze wie „Die Idee war gut und vielversprechend, daran müsste man nur noch ein wenig feilen" zeigen, dass Sie motiviert sind und sich für eine Sache begeistern können.

- Behalten Sie stets die Uhr im Auge. Achten Sie darauf, dass nicht zu viel Zeit für die Suche nach einer Lösung oder für die Diskussion verwendet wird. Immerhin müssen Sie den erarbeiteten Lösungsweg noch umsetzen.
- Versuchen Sie daher, zügig auf ein Ergebnis zuzusteuern.
- Wenn sich die Gruppe nicht auf eine Lösung einigen kann, beenden Sie die Diskussion und lassen Sie abstimmen. Das spart wertvolle Zeit, die Sie sicher für die Umsetzung der Lösung benötigen.

Übungsaufgaben

Die folgenden Aufgaben können Sie alleine oder in der Gruppe mit Freunden und Bekannten durchspielen. Dadurch erhalten Sie ein Gespür dafür, wie man an derartige Problemstellungen herangeht und was technisch möglich und unmöglich ist.

Aufgabe 1

Vor Ihnen liegen folgende Gegenstände:

- Drei Strohhalme
- Eine Plastiktüte
- Eine Rolle Klebeband
- Ein rohes Ei

Sie haben nun die Aufgabe, eine Konstruktion zu entwickeln, die es Ihnen ermöglicht, das rohe Ei aus einer Höhe von drei Metern fallen und landen zu lassen, ohne dass es dabei beschädigt wird.
Zeitvorgabe: Sie haben dazu maximal zehn Minuten Zeit.

Mögliche Lösungsansätze

- Konstruieren Sie einen Fallschirm für das rohe Ei.
- Betten Sie das Ei sorgfältig in die zusammengedrückte Plastiktüte und bauen Sie ein schützendes Gerüst aus Strohhalmen drum herum (optisch könnte die Konstruktion an das Atomium in Brüssel erinnern).

Aufgabe 2

Vor Ihnen liegen folgende Gegenstände:

- Ein Stapel Papier
- 20 Strohhalme
- Eine Plastiktüte
- Eine Schere
- Eine Rolle Klebestreifen

Bauen Sie aus diesen Materialien eine ein Meter lange Brücke, die mindestens drei Minuten lang stehen bleibt.
Zeitvorgabe: Sie haben 15 Minuten Zeit dafür.

Aufgabe 3

Vor Ihnen liegen folgende Gegenstände:

- 200 Streichhölzer
- Drei Bögen Papier
- Eine Schere
- Klebstoff

Sie sollen einen Turm bauen. Für die Bewertung der Leistung sind entscheidend:

- Kreativität
- Stabilität
- Höhe

Die Konstruktion muss nach Ablauf der Bearbeitungszeit mindestens drei Minuten stehen bleiben.
Zeitvorgabe: Sie haben insgesamt 30 Minuten Zeit.

Schätzaufgaben

Schätzaufgaben kommen in Assessment Centern oft vor, wenn die Zeit für einen Business Case oder eine Fallstudie zu knapp ist. Sie werden damit meist im Rahmen der Einzelgespräche (Interviews) konfrontiert. Bei vielen Assessoren sind Schätzaufgaben sehr beliebt, weil man unvorbereitete Kandidaten sehr schnell zum Schwitzen bringen kann. Denn was soll man auf die Frage „Wie viele Tankstellen gibt es in den USA?" antworten. Wo und vor allem wieso hätte man das im Vorfeld nachschlagen sollen?

Da ist es hilfreich zu wissen, dass keine ins Blaue geschossene Zahl von Ihnen erwartet wird, aber auch nicht, dass Sie die exakte Anzahl der Tankstellen nennen. Hier gilt der Grundsatz: Der Weg ist das Ziel. Und das zu einhundert Prozent. Die Beobachter interessieren sich kaum dafür, ob es nun 100.000 oder 200.000 Tankstellen in den USA gibt, sondern wie Sie an die Lösung herangehen oder Ihr Ergebnis herleiten.

Schätzaufgaben leben davon, dass man die genaue Antwort nicht kennt und Annahmen treffen muss. Je weiter Sie Ihre Annahmen herunterbrechen, desto nachvollziehbarer wird Ihre Schätzung. Wichtig ist, dass Sie Ihre Annahmen begründen und erklären können.

DARAUF ACHTEN DIE JUROREN

Wenn Sie es mit Schätzaufgaben zu tun bekommen, achten die Juroren vor allem auf die folgenden Eigenschaften der Bewerber:

- Logisches Denken
- Kreativität
- Analytisches Denken

Beispiel: Schätzaufgabe 1 mit Lösungsweg

Aufgabe: Wie viele Bordmahlzeiten werden auf dem Münchner Flughafen am Tag an die Flugzeuge geliefert?

Lösungsmöglichkeit

Stellen Sie die folgenden Basisüberlegungen an:

- Wie viele Flugzeuge starten pro Tag?
- Wie viele Passagiere sitzen jeweils in einem Flugzeug?
- Wie viele Bordmahlzeiten pro Passagier gibt es?

Welche Faktoren sind für die Ermittlung ausschlaggebend und zu berücksichtigen?
- Flugbewegungen, dabei ist Folgendes zu berücksichtigen:
    - Landungen, Cargo- und Privatflüge gehen nicht in die Berechnung ein
    - Betriebsstunden (Nachtflugverbot), Flugfrequenzen während der Randzeiten
    - Anzahl der Startbahnen

- (Durchschnittliche) Anzahl der Passagiere pro Flugzeug beziehungsweise pro Tag, hier ist Folgendes zu berücksichtigen:
    - Flugzeuggröße
- Anzahl der Bordmahlzeiten pro Passagier, hier ist Folgendes zu berücksichtigen:
    - In- oder Auslandsflug
    - Kurz- oder Langstrecke
    - Economy Class, Business Class, First Class
- Crewmitglieder sind zu vernachlässigen

Wie ermittelt man, wie viele Maschinen am Tag starten?
- Am Münchner Flughafen ist der Bau einer weiteren Start- und Landebahn geplant. Daher kann man eine sehr gute bis maximale Auslastung des Flughafens annehmen.
- Geht man nun davon aus, dass die nahezu maximale Start- und Landefrequenz (90 Sekunden) weitgehend ausgenutzt wird, ist alle 1,5 Minuten eine Flugbewegung und alle drei Minuten ein Start anzunehmen.
- Beachtet man,
    - dass auch Cargo- und Privatflüge dabei sind und
    - frühmorgens und spätabends die Start- und Landefrequenzen niedriger sind,
→ startet durchschnittlich alle vier Minuten ein Flugzeug, das macht also 15 Starts pro Stunde.

- Beachtet man,
    - dass Nachtflugverbot herrscht (Betriebszeiten zwischen 5.00 Uhr morgens und 23.00 Uhr abends (insgesamt 18 Stunden),
→ starten am Tag pro Landebahn (15 x 18 =) 270, also rund 250 Flugzeuge.

- Beachtet man,
    - dass der Münchner Flughafen zwei Start- und Landebahnen hat,
→ starten pro Tag rund 500 Flugzeuge mit Passagieren an Bord.

Wie ermittelt man die durchschnittliche Passagierzahl je Flugzeug je Tag?
Zunächst werden die Flugzeuge je nach Größe in drei Gruppen eingeteilt:

Flugzeuggröße	Passagiere	Anteil Starts	Flüge je Gruppe	Passagiere gesamt
Große Flugzeuge (200 bis 400 Passagiere)	Ø 300	1/10	50 Flüge	15.000
Mittelgroße Flugzeuge (160 bis 200 Passagiere)	Ø 180	7/10	350 Flüge	63.000
Kleine Flugzeuge (40 bis 160 Passagiere)	Ø 100	1/5	100 Flüge	10.000

→ Anzahl Passagiere: 88.000 pro Tag, das entspricht im Durchschnitt 176 Passagiere pro Flugzeug.

Wie ermittelt man nun die Bordmahlzeiten je Passagier?
Angenommenes Verhältnis Inlands- zu Auslandsflügen: 60 zu 40.

- Inlandsflüge: 300
- Auslandsflüge: 200

Bei den Inlandsflügen erhält nur die Business Class ein Bordmenu. Geht man von einem Verhältnis Economy Class zu Business Class von fünf zu eins aus

→ erhalten von den geschätzten 52.800 Passagieren auf Inlandsflügen (300 x 176) rund 8.800 Passagiere eine Bordmahlzeit.

Bei den Auslandsflügen unterscheidet man zwischen Kurz- und Langstrecke. Während auf Kurzstrecken nur ein Menu pro Passagier ausgegeben wird, erhalten die Passagiere auf Langstrecken zwei Menus. Diesmal muss nicht zwischen den Klassen differenziert werden.
Angenommenes Verhältnis Kurzstrecke zu Langstrecke: vier zu eins.

- Kurzstrecke: 160
- Langstrecke: 40

Bei Kurzstrecken wird nur ein Menu, bei Langstrecken werden zwei Menus ausgeteilt.
→ Kurzstrecke: rund 28.000 Bordmahlzeiten
→ Langstrecke: rund 14.000 Bordmahlzeiten

Gesamtergebnis

Menus auf Inlandsflügen: 8.800

Menus auf Kurzstrecken: 28.000

Menus auf Langstrecken: 14.000

→ Am Münchner Flughafen werden täglich rund 50.800 Bordmahlzeiten an die Flugzeuge ausgeliefert.

RUNDEN SIE ZAHLEN UND WERTE

Wählen Sie bei Ihren Annahmen Zahlen, mit denen Sie gut rechnen und Werte überschlagen können. Es fällt niemandem leicht, einfach durch sieben zu teilen oder mit 14 zu multiplizieren.

Beispiel: Schätzaufgabe 2 mit Lösungsweg

Aufgabe: Wie viele Tankstellen gibt es in den USA?

Lösungsmöglichkeit

Grund- und Ausgangsüberlegung

- Verteilung der Tankstellen in Deutschland
- Bevölkerungszahl Amerika

Wie lässt sich die Verteilung der Tankstellen in Deutschland ermitteln?
Hier ist es sinnvoll, von kleinen, überschaubaren Einheiten auf größere zu schließen.

- In einer kleinen, überschaubaren Stadt oder Gemeinde mit rund 10.000 Einwohnern sind vier bis fünf Tankstellen angesiedelt.
- Ausgehend von fünf Tankstellen je 10.000 Einwohner, errechnet sich
→ eine Tankstelle je 2.000 Einwohner

- Ausgehend von 300 Millionen Einwohnern in den USA
→ rund 150.000 Tankstellen in den USA

- Besonderheiten in den USA
  - Rund ein Drittel des Landes ist dünn besiedelt, daher niedrigere Dichte
  - Folge: mehr Tankstellen je 2.000 Einwohner
  - Größere Autos, höherer Verbrauch
  - Mehr Kilometerleistung je Fahrzeug

Diese Faktoren erhöhen die Zahl der Tankstellen um angenommene 20 Prozent.
→ Rund 180.000 Tankstellen in den USA

Anmerkung: Tatsächlich gibt es rund 200.000 Tankstellen in den USA! Und: Eine mediale Darstellung dieser Lösung finden Sie auf Seite 43.

Übungsaufgaben zu Schätzungen

Um Ihnen den Schrecken vor scheinbar unlösbaren Schätzaufgaben zu nehmen, haben wir Ihnen drei Aufgaben samt Lösungsmöglichkeiten zusammengestellt. Bevor Sie sich unseren Lösungsansätzen zuwenden, machen Sie sich bitte Ihre eigenen Gedanken, wie Sie vorgehen würden.

Aufgabe 1

Wie viele Apotheken gibt es in Deutschland?

Ihre Notizen

___

Lösungsmöglichkeit

Grund- und Ausgangsüberlegung

- Grundversorgung der Bevölkerung mit Apotheken
- Bevölkerungszahl Deutschlands

Wie ermittelt man die Grundversorgung der Bevölkerung?

Es ist auch bei dieser Aufgabe sinnvoll, von kleinen, überschaubaren Einheiten auf größere zu schließen.

- In einer kleinen, überschaubaren Stadt oder Gemeinde mit rund 20.000 Einwohnern sind etwa vier bis fünf Apotheken angesiedelt.
- Ausgehend von fünf Apotheken je 20.000 Einwohner, errechnet sich
→ eine Apotheke je 4.000 Einwohner.

- Ausgehend von 80 Millionen Einwohnern in Deutschland, ergibt sich:
→ rund 20.000 Apotheken in Deutschland

Aufgabe 2

Wie viele Briefe stellt ein Postbote in Deutschland monatlich zu?

Ihre Notizen

Lösungsmöglichkeit

Grund- und Ausgangsüberlegungen

- Wie viele Briefe erhält ein Haushalt durchschnittlich pro Tag? (drei Briefe pro Tag)
- Wie viele Haushalte bedient ein Postbote pro Tag?
- Wie lange braucht er durchschnittlich pro Haushalt? (eine Minute)
- Wie lang ist sein Arbeitstag? (acht Stunden, davon zwei Stunden Vorsortierung der Briefe = sechs Stunden = 360 Minuten)

→ 360 Haushalte x drei Briefe = 1.080 Briefe pro Tag

- 24 Arbeitstage pro Monat

→ rund 26.000 Briefe pro Monat

Aufgabe 3

Wie viele Schnürsenkel gibt es in Japan?

Ihre Notizen

Lösungsmöglichkeit

Grund- und Ausgangsüberlegungen

- Wie viele Schuhe mit Schnürsenkel haben Sie in Ihrem Schuhschrank? (zehn Paar)
- Japaner haben andere Schuhkultur (drei Paar)
- Wie viele Japaner gibt es? (knapp 130 Millionen)
→ 390 Millionen Schnürschuhe in Japans Haushalten

- Wie viele Schnürschuhe stehen pro Japaner in den Geschäften bereit? (drei Paar)
→ 780 Millionen Schnürschuhe in Geschäften und Haushalten

- Wie viele Ersatzschnürsenkel stehen pro Japaner bereit (drei Paar)
→ 390 Millionen Ersatzschnürsenkel + 780 Millionen Schnürschuhe
→ 1,17 Milliarden Schnürsenkelpaare
→ 2,34 Milliarden Schnürsenkel in Japan

Hinweis: Nicht beachtet wurden Schnürschuhe und Schnürsenkel, die sich gerade auf Vertriebswegen oder in Lagerhallen befinden.

Einstellungstests im Assessment Center

Übungsaufgaben wie Tests, die Ihre Konzentrations- und Leistungsfähigkeit oder Ihr Allgemeinwissen überpüfen, finden in den Assessment Centern immer seltener ihren Platz. Auch ihr Stellenwert sinkt kontinuierlich. Meist werden sie eingesetzt, um den Druck auf die Bewerber gleichmäßig hoch zu halten oder um Leerlaufzeiten zu verhindern, etwa wenn Einzelinterviews stattfinden und die Anzahl der Kandidaten die der Beobachter überschreitet. Dennoch sollten Sie solche Aufgaben nicht auf die leichte Schulter nehmen. Sind diese Tests in ein AC eingebaut, werden sie auch ausgewertet und fließen mit in die Bewertung ein. Das Testergebnis kann im Zweifelsfall die Entscheidung für oder gegen Sie beeinflussen oder gar ausmachen.

Die Testaufgaben sind meistens nicht sonderlich anspruchsvoll und inhaltlich gut zu lösen. Jedoch ist der vorgegebene Zeitrahmen erfahrungsgemäß eng bemessen und die Fülle der Aufgaben nur schwer zu bewältigen. Sie sollten daher versuchen, ein goldenes Mittelmaß zu finden, und sich nicht zu lange mit einer Aufgabe befassen, wenn Sie nicht gleich auf die Lösung kommen.

DARAUF ACHTEN DIE JUROREN

Bei den Konzentrations- und Leistungstests geht es darum, dass die Juroren mehr darüber erfahren wollen, wie die folgenden Eigenschaften bei den Teilnehmern ausgeprägt sind:

- Konzentrationsfähigkeit
- Belastbarkeit
- Intelligenz
- Ausdauer
- Allgemeinwissen
- Logisches Denken
- Analytisches Denken
- Persönliche Eigenschaften

Konzentrations- und Leistungstests

Eine Art von Aufgaben bei den Konzentrations- und Leistungstests sind mathematische Schätzaufgaben. Hierbei erwartet niemand, dass Sie das exakte Ergebnis errechnen. Wichtiger ist, das Ergebnis im Kopf zu überschlagen. Wenn Sie die Zahlen auf- oder abrunden, erleichtern Sie sich die Arbeit! Abhängig davon, ob und wie viel Sie auf- oder abgerundet haben, können Sie Ihrem Ergebnis etwas hinzufügen oder abziehen.

Beispielaufgabe

Originalaufgabe	Gerundet	Ergebnis
8507 : 47 + 3548	8500 : 50 + 3500	3670 (3729)
3945 x 2884 + 5997	4000 x 3000 + 6000	12006000 (11383377)

Aufgabe 1

Überschlagen Sie die nachfolgenden Rechenaufgaben.

Zeitvorgabe: Sie haben insgesamt drei Minuten Zeit.

1) 8507 : 47 + 3548

2) 3945 x 2784 + 5997

3) 1587 x 7458 + 1206

4) 628 x 478 x 25

5) 9488 : 16 x 784

6) 16^2 x 853 + 9465

7) 26^2 x 3859 x 3

8) 15733 x 8415

9) 38947 x 5944

10) 68476 : 34

> **TRAINIEREN SIE KOPFRECHNEN**
>
> Trainieren Sie eingehend Ihre Fähigkeiten im Kopfrechnen. Entwerfen Sie dazu selbst einige Aufgaben, die den oben aufgeführten ähneln, und überschlagen Sie das Ergebnis. Schnelles Kopfrechnen ist übrigens auch bei vielen Case Studys und Planspielen gefordert.

Aufgabe 2

Ermitteln Sie die jeweilige Anzahl der Buchstaben c und e.

Zeitvorgabe: Sie haben insgesamt fünf Minuten Zeit.

Bearbeitungstipp: Gehen Sie Reihe für Reihe durch. Streichen Sie zuerst alle „c" durch und zählen Sie diese gleichzeitig. Notieren Sie die Anzahl dann links von der jeweiligen Reihe. Kennzeichnen Sie anschließend alle „e". Zählen Sie diese ebenfalls gleichzeitig und notieren Sie die Anzahl rechts in der jeweiligen Reihe. Wenn Sie alle Reihen bearbeitet haben, addieren Sie Ihre notierten Zahlen und haben damit das Ergebnis!

Konzentrations- und Leistungstests

```
o e c o c e c o c e o e c o e o e c e o e c o c e o e c o e c o e e o
o e o e c e o e c o e c o e o e c o e o e o e c o c e o e c o e c o
c o e c o e o e c e c e c o e c o e o e c o e c o e o e c e c o e c
o c e o e c o e c o e c e o e c e c o c o e c c o e o e c c o e c o
e c o e c o e o e c e o c e o e c o e c o e o e c e o e c e c o c o e c
c c o e c o c o e c o e c o e o e c e o e c o e o c o o e o e c o
o e c c o e o e c c o e c o c o e c o c o c o c e o e o e c e c e c o e
c o e c o e o e c e o e c c o e o e c c o e c o c c o e c o e o e c o c
e c o e o e c e o e c o c o c e o e c o e c o e o e c e o e c o e c
o e o e c c o e c o c o e c c o e o e c c o e c e c e c o e c o e o e c
o e c e c o e c o e o e c e c e c o e c o e o e c o e c o e o e c e
e o e c c e o e c o e c o e o e c e o e c e c o c o e c c o e o e c c o
c e o e c e o e c o e c o e c o e c o e c o e o e c e o e c e c o c
e o e c c o e c o c o c e o e c o e c o e o e c e o e c o c o e c c o e
e c o c e c e c o e c o e o e c o e c o e o e c e c o e c o e o e c
e c o e e o e c e o e c e c o c o e c c o e o e c c o e c o c o c e o e
e o e c o c e o e c o e c o c o e c o c c o c e o e o e c e c e
e o e c o e c o e o e c e c o e c o e o e c c e o e c o e c o e o e c e
o c o c e o e e c o e o e c e c o e o e c o e c o c e o e c e c e c
o e c o e c o e o e c e c o e c o e o e c c e o e c o e c o e o e c e o
o c o e c c o e o e c c o e c o c o c e o e c e o e c o e c o e c o e c
e c o e o e c o e c o e o e c e c o e c o e o e c c e o e c o e c o e o
c e c o c o e c c o e o e c o c o e c o c o c e o e c o e c o e o e c e
```

Aufgabe 3

Ordnen Sie die folgenden Begriffe in logische Gruppen.

Zeitvorgabe: Sie haben insgesamt drei Minuten Zeit.

groß	Knoblauch	ewig	David	kolossal
Minze	gar	Kampf	schlecht	Riese
Stein	nichtig	Thymian	zyklopisch	erfolglos
negativ	exorbitant	Salbei	gewaltig	immer
ganz	nie	kein	Zwerg	Rosmarin

Aufgabe 4

In den folgenden Buchstabenketten befinden sich jeweils sechs Begriffe. Finden Sie diese.
Zeitvorgabe: Sie haben insgesamt fünf Minuten Zeit.

1) fsdhaussdtfkatzegtfmilchbzgfhoftwaisdcaeierasgyfasahnegawqnkesezubereigmuheing

haus
Katze
hof
zu
muhe

2) joghadkekseghtasetasseihkuchnozdicksmintehvfserhstfikgkakaoalgftsliterhzyquarkert

kekse
tasse
kakao

3) jhfgimmerjehfwiederlfkjstetsakjfhhäufigftqäodanhaltendeafänddauerndkjhekjdaigkeit

4) Ejhaapfelerzaodlbirnealdkfjbananertgwkejkirschekaüdjwüdbaumölkfawredskorbwnis

5) lonhjgsuchetrezimmerölkijeedbadqwvyöpküchegfdiehlekellerfluahtredgartenkifdmus

Aufgabe 5: Logische Reihen

Vervollständigen Sie die nachfolgenden Reihen.

Zeitvorgabe: Sie haben fünf Minuten Zeit.

1)	1	3	3	9	27	243		
2)	8	17	35	71				
3)	5	10	6	12				
4)	9	91	10	110	11			
5)	31	31	93	62	279			
6)	7	8	9	6	5	4	1	
7)	14	28	7	16	32	8	18	
8)	76	19	212	53	356	89	68	
9)	10	5	8	4				
10)	34	47	60	73				
11)	3	4	9	12	27	36	81	
12)	7	17	8	19	11	23	16	
13)	a	d	g	j				
14)	w	e	r	w	a	s	w	i
15)	c	d	e	f	g	a		

Test zum Allgemeinwissen

Aufgabe 6

Beantworten Sie die folgenden Fragen.

Zeitvorgabe: Sie haben dafür 40 Minuten Zeit.

1) Nennen Sie mindestens fünf deutsche Schriftsteller.

2) Nennen Sie mindestens fünf deutsche Komponisten.

3) Nennen Sie mindestens fünf deutsche Philosophen.

4) Nennen Sie mindestens fünf deutsche Maler.

5) Nennen Sie die 16 deutschen Landeshauptstädte.

6) Nennen Sie die Bundeskanzler der Bundesrepublik Deutschland.

7) Nennen Sie die Bundespräsidenten der Bundesrepublik Deutschland.

8) Nennen Sie zehn Minister und Ministerinnen samt Ministerium aus der aktuellen Regierung.

9) Nennen Sie sechs deutsche Nobelpreisträger.

10) Nennen Sie zwölf Friedensnobelpreisträger.

11) Nennen Sie alle acht Planeten.

12) Benennen Sie acht Kriege und die dazugehörigen Jahreszahlen.

13) Nennen Sie fünf Bestseller (Belletristik) samt Autoren der vergangenen drei Jahre.

14) Ordnen Sie die folgenden Autoren den unten aufgeführten Zitaten zu.

Friedrich von Schiller, Johann Wolfgang von Goethe, Max Frisch, Julius Cäsar, Benjamin Franklin

a) „Aufmerksamkeit ist das Leben."

b) „Die Menschen glauben fest an das, was sie wünschen."

c) „Der Weise gewinnt mehr Vorteile durch seine Feinde als der Dummkopf durch seine Freunde."

d) „Krise kann ein produktiver Zustand sein. Man muss ihr nur den Beigeschmack der Katastrophe nehmen."

e) „Was ist Mehrheit? Mehrheit ist der Unsinn. Verstand ist stets nur bei wenigen gewesen."

15) Nennen Sie die 30 DAX-Unternehmen.

16) Nennen Sie zehn Präsidenten der Vereinigten Staaten von Amerika aus dem vergangenen Jahrhundert.

17) Nennen Sie 20 asiatische Länder und die dazugehörigen Hauptstädte.

Test zum Allgemeinwissen

18) Nennen Sie zehn Natur-/Kulturdenkmäler des UNESCO-Welterbes.

19) Nennen Sie die sieben Weltwunder.

20) Benennen Sie die zwölf olympischen Götter.

Lösungen zu den Leistungs- und Konzentrationsübungen

Aufgabe 1

1) 3729
2) 10988877
3) 11837052
4) 7504600
5) 464912
6) 227833
7) 7826052
8) 132393195
9) 231500968
10) 2014

Aufgabe 2

c		e
11	o ē ¢ o ¢ ē ¢ o ¢ ē ¢ o ē ¢ o ē o ē ¢ ē o ē ¢ o ¢ ē o ē ¢ o ē ¢ o ē ē o	13
8	o ē o ē ¢ ē o ē ¢ o ē ¢ o ē o ē ¢ o ē o ē o ē o ē ¢ o ¢ ē o ē ¢ o ē ¢ o	14
12	¢ o ē ¢ o ē o ē ¢ ē ¢ ē ¢ ē ¢ o ē ¢ o ē o ē ¢ o ē o ē o ē ¢ ē ¢ o ē ¢	14
12	o ¢ ē o ē ¢ o ē ¢ o ē o ē ¢ ē o ē ¢ ē ¢ o ¢ o ē ¢ ¢ o ē o ē ¢ ¢ o ē ¢ o	12
11	ē ¢ o ē ¢ o ē o ē ¢ ē o ¢ ē o ¢ o ē o ¢ o ē o ē ¢ ¢ ē o ē ¢ ē ¢ o ¢ o ē ¢	14
11	¢ ¢ o ē ¢ o o ¢ o ¢ ē o ē o ¢ o ē o ¢ o ē o ē o ē ¢ ē o ē ¢ o ē o ¢ o o ē o ē ¢ o	11
13	o ē ¢ ¢ o ē o ē ¢ ¢ o ē o ¢ o ¢ o ē ¢ o ¢ o ¢ o ¢ ē o ē o ē ¢ ē ¢ ē ¢ o ē	11
13	¢ o ē ¢ o ē o ē ¢ ē o ē ¢ ¢ o ē o ē ¢ ¢ o ē o ¢ o ¢ ¢ o ē ¢ o ē o ē ¢ o ¢	11
11	ē ¢ o ē o ē ¢ ē o ¢ ē o ¢ o ¢ ē o ē ¢ o ē o ē o ē ¢ ē o ē ¢ o ē ¢	14
13	o ē o ē ¢ ¢ o ē ¢ o ¢ o ē ¢ ¢ o ē o ē ¢ ¢ o ē ¢ ē ¢ o ē ¢ o ē o ē ¢	12
11	o ē ¢ ē ¢ o ē ¢ o ē o ē o ē ¢ ē ¢ ē ¢ ē ¢ o ē ¢ o ē o ē ¢ o ē o ē o ē ¢ ē	15
12	ē o ē ¢ ¢ ē o ē ¢ o ē ¢ o ē o ē ¢ ¢ ē o ē ¢ ē ¢ o ¢ o ē ¢ ¢ o ē o ē ¢ ¢ o	13
11	¢ ē o ē ¢ o ē ¢ o ē o ē ¢ ¢ ē o ¢ ē o ē ¢ o ē o ē o ē ¢ ē o ē ¢ ē ¢ o ¢	14
12	ē o ē ¢ ¢ o ē ¢ o ¢ o ¢ ē o ē ¢ o ē ¢ o ē o ē ¢ ē o ē ¢ o ¢ o ē ¢ ¢ o ē	12
12	ē ¢ o ¢ ē ¢ ē ¢ ē ¢ o ē o ē ¢ o ē o ē o ē ¢ ē o ē ¢ o ē ¢ o ē o ē ¢	14
12	ē ¢ o ē ē o ē ¢ ē o ē ¢ ē ¢ o ¢ o ē ¢ ¢ o ē o ē ¢ ¢ o ē o ¢ o ¢ ē o ē	13
11	ē o ē ¢ ē o ¢ ē o ē o ē ¢ o ē ¢ o ¢ ē o ¢ ē o ē ¢ o ¢ ¢ o ē o ē o ē ¢ ē ¢ ē	14
10	ē o ē ¢ o ē ¢ o ē o ē ¢ ē o ¢ o ē o ē o ē ¢ ¢ ē o ē ¢ o ē ¢ o ē o ē ¢ ē	15
12	o ¢ o ¢ ē o ē ē ¢ o ē ¢ o ē o ē ¢ ē o ē ¢ o ¢ o ¢ ē o ē ¢ ē ¢ ē ¢ ē ¢	14
10	o ē ¢ o ē ¢ o ē o ē ¢ ē o ē ¢ o ē o ē ¢ ¢ ē o ē ¢ o ē o ē o ē ¢ ē o	14
12	o ¢ o ē ¢ ¢ o ē o ē ¢ ¢ o ē ¢ o ¢ o ¢ ē o ¢ o ē ē ¢ o ē o ē ¢ ē o ē ¢	12
10	ē ¢ o ē o ē o ¢ ē o ¢ o ē o ē ¢ ē o ¢ ē o ē o ē ¢ ¢ ē o ē ¢ o ē ¢ o ē o	14
13	¢ ē ¢ o ¢ o ē ¢ ¢ o ē o ē ¢ o ¢ o ē ¢ o ¢ o ¢ ē o ē o ¢ o ē ¢ o ē o ē ¢ ē	11
263		301

Aufgabe 3

groß	zyklopisch	kolossal	gewaltig	exorbitant
Minze	Knoblauch	Rosmarin	Salbei	Thymian
schlecht	kein	negativ	erfolglos	nichtig
Riese	David	Zwerg	Kampf	Stein
gar	nie	ewig	ganz	immer

Aufgabe 4

1) Haus, Katze, Milch, Hof, Eier, Sahne
2) Kekse, Tasse, dick, Kakao, Liter, Quark
3) immer, wieder, stets, häufig, anhaltend, dauernd
4) Apfel, Birne, Banane, Kirsche, Baum, Korb
5) Suche, Zimmer, Bad, Küche, Keller, Garten

Aufgabe 5

1) 6561
2) 143
3) 7
4) 131
5) 124
6) 2
7) 36
8) 17
9) 6
10) 86
11) 108
12) 29
13) m
14) e
15) h

Aufgabe 6

1) Heinrich Böll, Hermann Hesse, Günter Grass, Friedrich Schiller, Johann Wolfgang von Goethe
2) Johann Sebastian Bach, Johannes Brahms, Carl Orff, Franz Schubert, Richard Strauss
3) Jürgen Habermas, Georg Wilhelm Friedrich Hegel, Karl Jaspers, Immanuel Kant, Gotthold Ephraim Lessing

4) Caspar David Friedrich, Franz Marc, Albrecht Dürer, Jörg Immendorf, Ole West

5) Stuttgart, München, Potsdam, Wiesbaden, Schwerin, Hannover, Düsseldorf, Mainz, Saarbrücken, Dresden, Magdeburg, Kiel, Erfurt, Berlin, Hamburg, Bremen

6) Konrad Adenauer, Ludwig Erhard, Kurt Georg Kiesinger, Willy Brandt, Helmut Schmidt, Helmut Kohl, Gerhard Schröder, Angela Merkel. Streng genommen gehört auch Walter Scheel dazu, da er Willy Brandt bis zur Wahl des neuen Bundeskanzlers (Helmut Schmidt) vertrat.

7) Theodor Heuss, Heinrich Lübke, Gustav Heinemann, Walter Scheel, Karl Carstens, Richard von Weizsäcker, Roman Herzog, Johannes Rau, Horst Köhler, Christian Wulff

8)
- Innenministerium — Hans-Peter Friedrich
- Finanzministerium — Wolfgang Schäuble
- Justizministerium — Sabine Leutheusser-Schnarrenberger
- Auswärtiges Amt — Guido Westerwelle
- Wirtschaft und Technologie — Rainer Brüderle
- Arbeit und Soziales — Ursula von der Leyen
- Verteidigungsministerium — Thomas de Maizière
- Gesundheitsministerium — Philipp Rösler
- Familie, Senioren, Frauen und Jugend — Kristine Schröder
- Umweltministerium — Norbert Röttgen

(Stand: April 2011)

9) Gustav Stresemann, Carl Bosch, Wilhelm Conrad Röntgen, Albert Einstein, Robert Koch, Peter Grünberg

10) Albert Schweitzer, George Marshall, Martin Luther King jr., Willy Brandt, Mutter Teresa, Amnesty International, Jimmy Carter, Ärzte ohne Grenzen, Jassir Arafat, Schimon Perez, Jitzhak Rabin, Nelson Mandela

11) Merkur, Venus, Erde, Mars, Jupiter, Saturn, Uranus, Neptun

12)
- Siebenjähriger Krieg (1756–1763)
- Dreißigjähriger Krieg (1618–1648)
- Erster Weltkrieg (1914–1918)
- Zweiter Weltkrieg (1939–1945)
- Vietnamkrieg (1960–1975)
- Koreakrieg (1950–1953)
- Achtzigjähriger Krieg (1568–1648)
- Amerikanischer Unabhängigkeitskrieg (1775–1783)

13)
- Ken Follet: Sturz der Titanen
- Daniel Glattauer: Gut gegen Nordwind
- Dan Brown: Das verlorene Symbol
- Simon Beckett: Kalte Asche
- David Safier: Mieses Karma

14)
   a) Johann Wolfgang von Goethe
   b) Julius Cäsar
   c) Benjamin Franklin
   d) Max Frisch
   e) Friedrich von Schiller

15) adidas AG, Allianz SE, BASF SE, Bayer AG, Beiersdorf AG, BMW AG, Commerzbank AG, Daimler AG, Deutsche Bank AG, Deutsche Börse AG, Deutsche Lufthansa AG, Deutsche Post AG, Deutsche Telekom AG, E.ON AG, Fresenius Medical Care AG & Co. KGaA, Fresenius SE, HeidelbergCement AG, Henkel AG & Co. KGaA, Infineon AG, K+S AG, Linde AG, MAN SE, Merck KGaA, Metro AG, Münchener Rück AG, RWE AG, , SAP AG, Siemens AG, ThyssenKrupp AG, Volkswagen AG

   (Stand: April 2011)

16) Bill Clinton, George H. Bush, Ronald Reagan, Jimmy Carter, Gerald Ford, Richard Nixon, John F. Kennedy, Harry Truman, Woodrow Wilson, Theodore Roosevelt

17)
   - Afghanistan — Kabul
   - Indien — Neu-Dehli
   - Indonesien — Jakarta
   - Iran — Teheran
   - Japan — Tokio
   - Jemen — Sanaa
   - Jordanien — Amman
   - Libanon — Beirut
   - Malaysia — Kuala Lumpur
   - Nepal — Kathmandu
   - Nordkorea — Pjöngjang
   - Pakistan — Islamabad
   - Russland — Moskau
   - Saudi-Arabien — Riad
   - Singapur — Singapur
   - Südkorea — Seoul
   - Syrien — Damaskus
   - Thailand — Bangkok
   - Vietnam — Hanoi
   - Volksrepublik China — Peking

18)
   - Theben und seine Totenstadt
   - Barriere-Reef in Australien

- Schloss Mir in Weißrussland
- Altstadt von Brügge
- Brücke und Altstadt von Mostar
- Chinesische Mauer
- Aachener Dom
- Altstadt von Bamberg
- Ruinen von Olympia
- Tower von London

19)
- Die Pyramiden von Gizeh
- Die Festungsmauern von Babylon
- Die Hängenden Gärten der Semiramis in Babylon
- Die Zeusstatue des Phidias in Olympia
- Der Artemis-Tempel zu Ephesos
- Das Marmor-Mausoleum zu Halikarnassos
- Der Helios-Koloss zu Rhodos

20) Zeus, Hera, Poseidon, Demeter, Apollon, Artemis, Ares, Aphrodite, Hermes, Athene, Hephaistos, Hestia

Ihre Persönlichkeit: Welche Fähigkeiten und Talente haben Sie?

Bei einer erfolgversprechenden Vorbereitung auf das Assessment Center darf eines nicht fehlen: Die Beschäftigung mit der eigenen Person, der eigenen Persönlichkeit – also mit Ihren Soft Skills, Ihren Stärken und Schwächen. Sicherlich haben Sie sich bereits mit all Ihren Qualifikationen und Fähigkeiten beschäftigt, als Sie Ihre Bewerbungsunterlagen erarbeitet haben. Schließlich lässt sich ohne dies nur schwer eine aussagekräftige und überzeugende Bewerbungsmappe erstellen. Doch machen Sie sich bewusst, dass in einem Assessment Center genau diese Fähigkeiten und Qualifikationen eine wichtige, in vielen Fällen gar eine entscheidende Rolle spielen. Deutlich wird dies vor allem bei Übungen wie Selbstpräsentation, Selbstanalyse, Selbst- und Fremdeinschätzung, aber auch im Interview. Das ist Grund genug für uns, den letzten Teil unseres Buches Ihrer Persönlichkeit zu widmen. Nutzen Sie ihn für die gezielte und abschließende Vorbereitung auf Ihr Assessment Center.

Selbst- und Fremdeinschätzung

Auch wenn es den Anschein hat, dass Sie als Bewerber sich auf Aufgaben dieser Art nicht so richtig vorbereiten könnten, lohnt es sich, ein wenig Vorleistung zu erbringen und sich damit zu befassen. Das ist nicht so zu verstehen, dass Sie sich beliebige Eigenschaften und Soft Skills zuordnen, sondern Sie müssen wissen, was in einer bestimmten Situation gefragt ist. Die meisten Arbeitgeber legen auf ganz bestimmte Eigenschaften wert und betrachten diese genauer. Das sind diejenigen, die für das Unternehmen und die zu besetzende Stelle relevant sind. Deshalb sollten Sie sich vorab noch einmal mit dem Unternehmen und der Stellenausschreibung oder -bezeichnung auseinandersetzen.

DARAUF ACHTEN DIE JUROREN

> Natürlich möchten die Juroren wissen, über welche Soft Skills Sie verfügen und wie ausgeprägt diese sind. Doch den Kandidaten das selbst einschätzen zu lassen und sich darauf zu verlassen, wäre eine wagemutige Sache. Und so hat eine gründliche Selbstanalyse tiefergehende Bedeutung. Der Arbeitgeber möchte erfahren, wie gut Ihre Selbsteinschätzung ist. Während des gesamten Assessment Centers wird er Sie deshalb beobachten, Ihre Leistungen mit Ihren Angaben abgleichen – und Sie vielleicht am Ende des Assessment Centers mit seinen Erkenntnissen konfrontieren.

Sie verstehen sicher schon jetzt, dass es nicht sinnvoll ist, sich bei allen aufgeführten Soft Skills jeweils die Bestnote zu geben. Ein klein wenig taktisches Kalkül ist aber durchaus angebracht. Steht zum Beispiel in der Stellenausschreibung, dass das Unternehmen einen Projektmitarbeiter sucht, so wird mit Sicherheit ein Teamplayer gebraucht. Wenn Sie deshalb angeben, über die entsprechenden Eigenschaften zu verfügen, sollten Sie im Assessment Center darauf achten, Ihre Teamfähigkeit auch tatsächlich unter Beweis zu stellen.

Selbstanalyse

Schätzen Sie nun Ihre Charaktereigenschaften und -züge mithilfe der folgenden Tabelle auf einer Skala von 0 bis 5 ein. Dabei steht 0 für nicht ausgeprägt und 5 für sehr ausgeprägt. Füllen Sie den Bogen zügig aus. Denken Sie bei einzelnen Positionen nicht zu lange nach, denn sonst verfälschen Sie am Ende nur das Bild.

Wundern Sie sich bei derartigen Testbögen nicht, wenn sich einige Eigenschaften versteckt (synonym) wiederholen. Damit möchte man testen, wie ehrlich und konstant Sie in Ihrer Selbsteinschätzung sind. Manche Eigenschaften mögen Ihnen auch zweifelhaft oder negativ erscheinen. Damit möchte man Sie verunsichern und unter Stress setzen.

Eigenschaften	0	1	2	3	4	5
aggressiv						
angriffslustig						
ängstlich						
aufgeschlossen						
ausdauernd						
ausgeglichen						
autoritär						
...						

Ihre Stärken, Fähigkeiten und Qualifikationen

Die eigenen Stärken und Fähigkeiten zu kennen und zu erkennen ist zweifellos wichtig. Um in einem Assessment Center zu bestehen, genügt das aber nicht. Sie müssen Ihre Fähigkeiten unter Beweis stellen und spätestens im Rahmen der Selbstpräsentation oder im Interview mit Belegen aus Ihrer beruflichen Praxis untermauern, zum Beispiel wenn Ihnen Fragen wie diese begegnen: „Wo und wann haben Sie das in Ihrem beruflichen Leben bislang unter Beweis stellen können?" Eine überzeugende Antwort hat dann meist derjenige parat, der sich vorab bereits ein paar Gedanken gemacht und entsprechende Belege zusammengetragen hat.

Nachfolgend finden Sie eine Auswahl verschiedener Soft Skills. Überlegen und erarbeiten Sie, wo und wann Sie diese bislang „unter Beweis stellen" konnten.

Beispielaufgabe

Führungserfahrung: Im Rahmen einer SAP-Einführung bei einem großen deutschen Chemieunternehmen habe ich als Teilprojektleiter ein Team von vier Mitarbeitern erfolgreich geführt.

Einfühlungsvermögen: Ich bemerke immer sehr schnell, wenn sich in meinem Team Spannungen entwickeln. In Gesprächen versuche ich dann, die Probleme herauszuarbeiten und sie gemeinsam mit den Mitarbeitern zu lösen.

Einsatzbereitschaft: Manche Situationen bedürfen einer besonderen Einsatzbereitschaft. Dann bin ich gerne bereit, auch am Wochenende zu arbeiten, um ein Projekt erfolgreich abschließen zu können. Es darf nur nicht zur Regel werden.

Übungsaufgaben zu Ihren Soft Skills

Nun sind Sie an der Reihe, Belege für Ihre Soft Skills zu formulieren. Denken Sie über Ihre bisherigen beruflichen Stationen und Ihre Erfahrungen aus der Studien- oder Ausbildungszeit nach. Vielleicht fällt Ihnen etwas ganz Konkretes ein ...

Analytische Fähigkeiten

_____
_____
_____

Hilfestellung

- Studium: Neigung zu Fächern wie Mathematik oder Statistik
- Kann Probleme schnell erfassen und eingrenzen

Ausdauer

_____
_____
_____

Hilfestellung

- Anspruchsvolle Projekte von langer Dauer
- Langwierige Verhandlungen mit Kunden
- Sport

Belastbarkeit

_____
_____
_____

Hilfestellung

- Fortbildung, Fernstudium während Beruf
- Studium selbst finanziert
- (Leistungs-)Sport

Delegationsfähigkeit

_____
_____
_____

Hilfestellung

- Teamassistentin gefordert, um die organisatorischen/administrativen Aufgaben abzugeben und die eigenen wichtigen Aufgaben erledigen zu können

- Projekt/Team geleitet und Aufgabenbereiche zugeteilt
- Organisation eines Events übernommen und Aufgaben verteilt

Durchsetzungsvermögen

_____
_____
_____

Hilfestellung
- Bei Verhandlungen mit Kunden gute Preise, gute Konditionen erzielt
- Bei Lieferanten niedrige Preise erzielt

Leistungsbereitschaft

_____
_____
_____

Hilfestellung
- Studium und Job
- Gerne bereit, mehr zu arbeiten, wenn es die Situation bedingt

Entscheidungsstärke

_____
_____
_____

Hilfestellung
- Sich für oder gegen einen Mitarbeiter/ein Projekt entschieden
- Studienrichtung gegen die Empfehlung der Eltern ausgewählt

Führungserfahrung

_____
_____
_____

Hilfestellung
- Leitung eines Teams übernommen
- Leitung der Jugendabteilung im Verein übernommen

Kommunikationsfähigkeit

_____
_____
_____

Hilfestellung

- Moderatorenrolle bei einem Problem übernommen
- Instrumente für die interne Kommunikation entwickelt: Mitarbeiter-Newsletter, Mailing-Listen und Ähnliches

Teamfähigkeit

_____
_____
_____

Hilfestellung

- Als Teammitglied erfolgreich ein Projekt gemeistert
- Abteilungsübergreifend ein Problem gelöst
- Studium: mit anderen eine Semesterarbeit geschrieben

Mitarbeitermotivation

_____
_____
_____

Hilfestellung

- Schwierige Teamkonstellation gemeistert
- Studium: anderen Studenten motiviert, sein Studium zu beenden

Unternehmerisches Denken

_____
_____
_____

Hilfestellung

- Projekt mit Budgetverantwortung
- Selbstständigkeit während des Studiums (freiberuflicher Programmierer)
- Mitarbeiterverantwortung

Die leistungsbezogene Selbst- und Fremdeinschätzung

Eine weitere Form der Selbsteinschätzung ist die Beurteilung der eigenen Leistungen im Rahmen des Assessment Centers. Nicht selten werden Sie dabei auch aufgefordert, die Leistungen der anderen Kandidaten zu bewerten und deren Fähigkeiten einzuschätzen. Gehen Sie dabei besonders vorsichtig vor: Sicherlich ist die Verlockung groß, sich selbst positiv und die übrigen Kandidaten in einem schlechten Licht erscheinen zu lassen. Allerdings kommen Sie mit dieser Haltung nicht besonders weit. Versuchen Sie, die Leistungen tatsächlich objektiv zu bewerten. Wenn Sie die Leistung eines Mitbewerbers kritisieren, sollten Sie dies an einem konkreten Beispiel festmachen und auch belegen können.

> **! ACHTUNG – DARAUF ACHTEN DIE JUROREN**
>
> Die folgenden Eigenschaften werden mit der leistungsbezogenen Fremd- und Selbsteinschätzung geprüft:
>
> - Objektivität
> - Kritikfähigkeit
> - Reflexionsfähigkeit
> - Selbsteinschätzung

Beispielaufgabe

Sie werden gebeten, die Leistung eines einzelnen Mitbewerbers zu bewerten. Dieser hat im Rahmen der Gruppendiskussion die anderen Teilnehmer ständig unterbrochen, um seine eigenen Argumente und Gedankengänge platzieren zu können. Die Diskussion wurde dadurch ständig unterbrochen, die Stimmung zunehmend aggressiver.

Mögliche Antwort: Ich denke, Kandidat X ist ein Mensch mit vielen Ideen und eigenen Ansichten. Allerdings erscheint er mir ein wenig ungeduldig. Bei der Gruppendiskussion zum Beispiel konnte er es nicht abwarten, seine Ideen und Ansichten einzubringen.

Übungsaufgaben zur leistungsbezogenen Einschätzung

Sich und die eigene Leistung, aber auch die Leistung von anderen Kandidaten einzuschätzen ist nicht einfach. Wir empfehlen Ihnen daher, dies vorab einmal zu üben. Beobachten Sie sich und andere Menschen in alltäglichen Geschäftsbeziehungen. Beschreiben und beurteilen Sie deren und Ihr eigenes Verhalten unter den Aspekten

- Auftreten,
- Überzeugungskraft,
- Kommunikationsstärke,
- Einfühlungsvermögen und
- Durchsetzungsvermögen.

Die nachfolgenden Übungen und Beispiele sollen Ihnen dabei helfen, sich auf die Selbst- und Fremdeinschätzung im Assessment Center vorzubereiten.

Aufgabe 1

Setzen Sie sich in ein Café und beobachten Sie den Kellner und die Gäste ganz so, als ob es sich um ein im Assessment Center inszeniertes Kundengespräch handelt. Wie verhält sich der Kellner den Gästen gegenüber? Fordern Sie ihn nun heraus, etwa mit einer Reklamation (die Suppe ist kalt, Sand im Salat, Gericht viel zu teuer, Kaffee zu stark/zu schwach/zu wenig Schaum etc.). Beurteilen Sie nun seine Leistung unter anderem nach folgenden Gesichtspunkten:

- Verhält er sich kunden- beziehungsweise serviceorientiert?
- Freundlich und zuvorkommend? Patzig, barsch?
- Wirkt sein Verhalten umsatzfördernd?
- Überzeugt sein Auftreten?

- Ist er wohl stressresistent?
- Ausdauernd?

Frage: Würden Sie ihn als Mitarbeiter einstellen?

Mögliche Beurteilung: Hätte ich ein Restaurant, würde ich ihn einstellen. Er ist nicht nur den Gästen gegenüber freundlich und zuvorkommend, er hat auch in heiklen Situationen einen kühlen Kopf bewahrt, die Situation zu jedem Zeitpunkt kontrolliert und die Gäste stets zu ihrer Zufriedenheit bedient. Er ist kommunikativ, aber nicht geschwätzig. Nur bei der Aufnahme der Bestellungen könnte er den Kunden ein wenig mehr lenken und auf die Empfehlungen des Hauses hinweisen. Das kommt bei den Gästen in der Regel gut an.

> **BENENNEN SIE STÄRKEN UND SCHWÄCHEN**
>
> Formulieren Sie bei der Beurteilung anderer Kandidaten nicht nur positive oder negative Wertungen, sondern lassen Sie stets beides vorkommen. Sie erzeugen dadurch den Eindruck, differenziert beurteilen zu können.

Aufgabe 2

- Reklamieren Sie in einer Bäckerei, dass das Brot, das Sie gestern gekauft haben, nicht frisch war. Reflektieren Sie daraufhin Ihr Verhalten und ebenso das der Verkäuferin.
- Versuchen Sie ein Produkt, das Sie bereits vor sechs Wochen gekauft haben, ins Geschäft zurückzubringen und das Geld dafür zu bekommen.

Tipps zur Bewältigung der Aufgaben

Lassen Sie das Gespräch Revue passieren. Wie haben Sie sich im Reklamationsgespräch verhalten?

- Konnten Sie Ihre Ziele durchsetzen?
- Haben Sie Ihre Argumente überzeugend vorgetragen?
- Sind Sie auf die Argumente der Verkäuferin eingegangen oder konnten Sie diese entkräften?
- Haben Sie schnell aufgegeben?
- Sind Sie selbstbewusst aufgetreten?

Formulieren Sie Ihre Beobachtungen kurz. Wiederholen Sie die Übung, reflektieren Sie nun jedoch das Verhalten der Verkäuferin.

Aufgabe 3

Nutzen Sie das nächste Treffen mit Ihren Freunden zu einer kleinen Diskussionsrunde über ein tagesaktuelles Thema. Beispiele hierzu finden Sie in diesem Buch im Kapitel „Gruppendiskussionen". Suchen Sie sich dann zwei Diskussionspartner aus und achten Sie während der Diskussion darauf, wie sie sich einbringen, damit Sie die beiden später beurteilen können. Reflektieren Sie danach Ihre eigene Leistung im Rahmen der Diskussion und fragen Sie Ihre Freunde, ob sie Ihrer Einschätzung zustimmen würden.

Selbstpräsentation

In nahezu jedem Assessment Center werden die Kandidaten zu Beginn der Veranstaltung gebeten, sich selbst kurz (oder länger) vorzustellen. Diese Selbstpräsentation ist nicht als nettes Warm-up für die Teilnehmer gedacht. Im Gegenteil: Bei der Selbstpräsentation handelt es sich um eine der aussagekräftigsten Übungen im gesamten Assessment Center, nicht zuletzt, da die Beobachter hier einen ersten Eindruck von jedem einzelnen Kandidaten erhalten, der erfahrungsgemäß während der weiteren Aufgaben und Beurteilungen nachwirkt.

Die Selbstpräsentation eröffnet den Beobachtern unterschiedliche Blickwinkel auf die Kandidaten, die nicht nur beweisen müssen, dass Sie stressgeladenen Situationen gewachsen sind. Auf dem Prüfstand steht unter anderem auch, wie sich der Bewerber selbst einschätzt und sich und seine Fähigkeiten verkaufen und darstellen kann. Übungen hierzu haben Sie ja bereits bearbeitet.

DARAUF ACHTEN DIE JUROREN

Bei der Selbstpräsentation werden die folgenden Eigenschaften genauestens von den Juroren unter die Lupe genommen:

- Kommunikationsfähigkeit
- Selbstreflexion
- Selbstständiges Arbeiten
- Ausstrahlung
- Strukturiertes Arbeiten
- Ausdrucksverhalten
- Kombinationsfähigkeit
- Sprachliches Ausdrucksverhalten
- Analytisches Denken
- Selbsteinschätzung
- Präsentationsqualitäten
- Stressresistenz

In der Regel werden Sie gebeten, sich kurz vorzustellen und den Schwerpunkt dabei auf Ihre berufliche Entwicklung und Ihre Qualifikationen für die zu besetzende Stelle zu legen. Sie haben dafür meist drei bis fünf Minuten Zeit. Alternativ erhalten Sie mit der Einladung zum Assessment Center die Aufforderung, vorab eine Selbstpräsentation zu erarbeiten. Hierfür werden meist 15 bis 20 Minuten Redezeit eingeräumt.

Leider wird die Selbstpräsentation von vielen Assessment-Center-Teilnehmern unterschätzt und daher nur ungenügend oder gar nicht vorbereitet. Dabei gehört gerade diese Übung zu den Aufgaben, die sich am besten vorbereiten und trainieren lassen. Machen Sie nicht den Fehler und nehmen an, dass Sie sich aus dem Stand heraus gelungen präsentieren können. Gehen Sie lieber auf Nummer sicher und bereiten Sie zwei bis drei Präsentationen in unterschiedlichen Längen vor: eine ein- bis zweiminütige Version, eine drei- bis fünfminütige Fassung sowie eine englische Präsentation, falls Sie sich bei einem international agierendem Unternehmen bewerben und die Stelle Sicherheit in einer Fremdsprache verlangt.

Lernen Sie Ihre Präsentation dann aber auf keinen Fall auswendig. In der Regel hinterlässt das keinen überzeugenden Eindruck. Außerdem sind Sie dann bei Zwischenfragen meistens wenig flexibel und generell leicht aus dem Konzept zu bringen. Bauen Sie stattdessen mit Pfeilern und Schlagwörtern ein Gerüst für Ihre Selbstpräsentation, an dem Sie sich während Ihres Vortrags orientieren können. Sprechen Sie Ihre Selbstpräsentation mehrmals durch, das gibt Ihnen Sicherheit. Überlegen Sie sich auch, wie Sie ein Flipchart oder andere mediale Hilfsmittel nutzen können. Erarbeiten Sie ein paar Folien, damit Sie gut vorbereitet sind, wenn Ihnen derartige Hilfsmittel zur Verfügung gestellt werden.

DURCH AUTHENTIZITÄT ÜBERZEUGEN

Jeder Kandidat möchte überzeugen, das ist verständlich. Dennoch sollte Sie sich treu und Sie selbst bleiben und unnatürliches Verhalten vermeiden, etwa einen affektierten Sprachgebrauch, übermäßige Gestik oder aufgesetzte Lockerheit. Das wirkt nicht nur unnatürlich und macht Sie unglaubwürdig, Sie können ein solches Verhalten in der Regel auch nicht einen ganzen Tag lang durchhalten.

Vor allem inhaltlich sollte Ihre Präsentation überzeugen. Stellen Sie eine strukturierte Präsentation zusammen, in der ein roter Faden sowie die Affinität zur neuen Aufgabe zu erkennen ist. Lediglich die derzeitige Position zu nennen oder den eigenen Lebenslauf chronologisch wiederzugeben ist wenig erfolgversprechend. Bauen Sie in Ihre Präsentation möglichst aussagekräftige fach- und branchenbezogene Schlüsselwörter ein, auf die die Beobachter reagieren und die sie im Gedächtnis behalten. Im Folgenden finden Sie ein paar Beispiele.

Beratung

Prozessanalyse	Kostenmanagement	Qualitätssicherung
Prozessoptimierung	Change Management	Outsourcing
Projektmanagement	Projektkoordination	Kosten-Nutzen-Analyse

Controlling

Planungsunterlagen	Zielkonformität	Forecasts
Ressourcen	Kennzahlen	Shareholder Value
Budget, Account	Deckungsbeitrag	Operatives Controlling
Controllingprozesse	Steuerung	Corporate Finance

Marketing

Branding	Corporate Branding	Imagepositionierung
Meinungsforschung	Strategische Marketingziele	Marktforschung
Marktsegmentierung	Marktanteile	Cross- oder Up-Selling

Vertrieb

Verkaufsförderung	Vermarktung	Vertriebscontrolling
Preispolitik	Vertriebsprozesse	Preisgestaltung
Absatzplanung	Marketing	Produktpolitik

Beispiel: Die gelungene Selbstpräsentation eines Studienabgängers

Alexander Manhardt bewirbt sich als Trainee bei einer Unternehmensberatung.

Aufgabe: Bitte stellen Sie sich Ihren Mitkandidaten kurz, aber aussagekräftig vor. Sie haben dafür drei Minuten Zeit. Sie können dabei die Medien Flipchart und Wandtafel benutzen.

Vorbereitungszeit: keine

Guten Morgen,

„Bachelors go straigt" ist ein Trainee-Programm, dem ich gerne angehören möchte und für das ich mich heute hier empfehlen möchte. Mein Name ist Alexander Manhardt, ich bin 23 Jahre alt und habe gerade meinen Abschluss als Bachelor of Arts im Fachbereich Betriebswirtschaftslehre an der Universität Hamburg erfolgreich abgelegt. Meine Schwerpunkte lagen in den Bereichen Internationales Management sowie Finanz- und Rechnungswesen.

Bereits während meines Studiums habe ich erste praktische Erfahrungen im Bereich Consulting sammeln können: Im Rahmen eines Praktikums in den USA habe ich nicht nur meine Englischkenntnisse gefestigt, sondern auch im Inhouse-Consulting verschiedene Marktanalysen durchgeführt.

Seit einem Jahr bin ich Mitglied der Hamburger Studentischen Unternehmensberatung Tagav. Ich agiere dort vor allem im strategischen Bereich. Wir versuchen, neben bewährten Konzepten neue Wege zu gehen und kreative sowie innovative Lösungen zu entwickeln. Auch im unternehmerischen Bereich habe ich bereits wertvolle Erfahrungen sammeln können. Ich habe selbstständig Kunden betreut, Projekte gemanagt und die Leitung kleinerer Teams übernommen. Einen ersten Einblick in die Kostenorientierung und Kostenkontrolle habe ich ebenfalls gewinnen können. Die Arbeit in der Studentischen Unternehmensberatung hat mir gezeigt, wo meine beruflichen Interessen liegen: projektbezogen Probleme zu erkennen, Lösungen zu erarbeiten und diese umzusetzen.

Ich bin ein engagierter und lernwilliger Mensch. Meine ersten Erfahrungen im Bereich Beratung sowie mein betriebwirtschaftliches Wissen würde ich nun gerne bei Ihnen als Analyst-Consultant einbringen.

Ich bedanke mich für Ihre Aufmerksamkeit.

MACHEN SIE SICH VORAB MIT UNTERSCHIEDLICHEN MEDIEN VERTRAUT

Werden Ihnen Medien wie Flipchart, Overheadprojektor oder eine Wandtafel zur Verfügung gestellt, sollten Sie diese auch nutzen. Empfehlenswert ist es jedoch, sich vorab einmal mit diesen Medien vertraut zu machen. Mehr darüber, wie Sie dabei vorgehen, erfahren Sie im Kapitel „Vorträge und Präsentationen".

Übungsaufgabe: Ihre Selbstpräsentation

Tragen Sie vorab zusammen, welche Schlüsselqualifikationen Sie in Ihre Präsentation einarbeiten möchten. Neben den sogenannten Hard Skills wie Ausbildung, Berufserfahrung, Position, Aufgaben und Tätigkeiten, Verantwortungsbereiche (Budget, Personal etc.) sowie Ihre zusätzlichen Qualifikationen (EDV etc.) sollten Sie gegebenenfalls auch Ihre Soft Skills platzieren. Belegen und untermauern Sie Ihre Angaben dazu mit Beispielen. Hier können Sie auf die Vorleistungen zurückgreifen, die Sie im Kapitel „Ihre Persönlichkeit: Welche Fähigkeiten und Talente haben Sie?" bereits erbracht haben. Erstellen Sie eine Liste Ihrer Hard und Soft Skills. Am besten gleichen Sie diese mit den Anforderungen ab, die bei der zu besetzenden Stelle eine Rolle spielen, und wählen entsprechende Schwerpunkte.

> **! ACHTUNG — LASSEN SIE IHRE SCHWÄCHEN UND LÜCKEN BEI DER SELBSTPRÄSENTATION AUSSEN VOR**
>
> Generell gilt: Auch wenn Sie die eine oder andere Schwäche in Ihrem Lebenslauf haben, streichen Sie diese aus Ihrer Selbstpräsentation. Niemand zwingt Sie, die Beobachter darauf aufmerksam zu machen. Achten Sie vielmehr darauf, eine positive Grundatmosphäre zu schaffen. Sie werden wahrscheinlich im Interview oder persönlichen Gesprächen ausreichend Gelegenheit bekommen, Ihre Schwächen und Lücken zu erklären.

Ihre Hard Skills

_____
_____
_____
_____
_____
_____
_____

Ihre Soft Skills

_____
_____
_____
_____
_____
_____
_____

Ihre Schlüsselwörter

_____
_____
_____
_____
_____
_____
_____

Schnittpunkte mit der ausgeschriebenen Stelle

_____
_____
_____
_____
_____
_____

Ihre Motivation

_____
_____
_____
_____
_____
_____

Tipps zum Einstieg in die Selbstpräsentation

Wenn Sie sich über diese Details klar geworden sind, können Sie dazu übergehen, Ihre Selbstpräsentation zu formulieren.

- Wählen Sie keinen flapsigen Einstieg. Das kommt meist nicht so gut an, und Sie laufen Gefahr, auf der Nase zu landen. Steigen Sie eher klassisch ein:
    - „Guten Morgen, mein Name ist Alexander Manhardt, ich bin 23 Jahre alt und möchte mich heute für einen Platz im Trainee-Programm ‚Bachelors go staight' bewerben. Ich habe an der Universität ..."
    - „Guten Morgen. ‚Bachelors go straight' ist ein Trainee-Programm, dem ich gerne angehören möchte und für das ich mich heute hier empfehlen möchte. Mein Name ist Alexander Manhardt, ich bin 23 Jahre alt und habe gerade meinen Abschluss als Bachelor of Arts im Fachbereich ..."
    - „Guten Morgen, meine Damen und Herren. Ich freue mich, dass ich die Gelegenheit habe, mich Ihnen vorzustellen. Mein Name ist ..."
- Vermeiden Sie einen zu privaten und auf Freizeitaktivitäten ausgerichteten Einstieg wie „Hallo zusammen, ich bin Alexander Manhardt, ich bin 23 Jahre alt, habe zwei ältere Schwestern und komme aus Hamburg. Ich bin leidenschaftlicher Radrennfahrer und Schwimmer ..." Das macht einen unprofessionellen Eindruck.

Ihre Selbstpräsentation (zwei bis drei Minuten)

_____
_____
_____
_____
_____
_____
_____

Ihre Selbstpräsentation (fünf bis sechs Minuten)

_____
_____
_____
_____
_____
_____
_____
_____
_____
_____
_____
_____
_____
_____
_____
_____
_____
_____
_____
_____

> **ACHTUNG — HALTEN SIE SICH AN DIE ZEITVORGABEN**
>
> In der Regel wird Ihnen eine Zeitvorgabe für Ihre Präsentation vorgegeben. Halten Sie sich auf jeden Fall an diese – und zwar in beide Richtungen. Überziehen Sie nicht, füllen Sie aber in jedem Fall die Ihnen zur Verfügung stehende Zeit aus.

Ihre Selbstpräsentation, englische Version (drei bis vier Minuten)

_____
_____
_____
_____
_____
_____
_____
_____
_____
_____
_____
_____
_____
_____
_____
_____

Interview (Einzelgespräch)

Das Interview innerhalb eines Assessment Centers lehnt sich an ein klassisches Vorstellungsgespräch an und wird meist von Personalentscheidern oder leitenden Angestellten des Unternehmens geführt. In der Regel ist das Interview eine der letzten Stationen im Auswahlverfahren. Nun möchte der Arbeitgeber wissen, ob sich die von Ihnen erbrachten Leistungen und Ergebnisse während des Assessment Centers auch im persönlichen Eindruck widerspiegeln.

Meist entspricht das Interview einem Frage-und-Antwort-Spiel. Ihr Interviewpartner fragt und Sie antworten. Allerdings erhalten Sie am Anfang oder gegen Ende des Interviews wahrscheinlich die Gelegenheit, selbst Fragen zu stellen. Wer sich vorab Gedanken macht und sich schon Antworten auf mögliche Fragen erarbeitet, gerät während des Interviews weniger unter Stress.

DARAUF ACHTEN DIE JUROREN

Im Interview achten die Juroren vor allem auf die folgenden Eigenschaften:

- Fähigkeit zur Selbsteinschätzung
- Leistungsmotivation
- Kommunikationsfähigkeit
- Sprachliches Ausdrucksvermögen
- Auftreten
- Ausstrahlung
- Kritikfähigkeit
- Stressresistenz

Übungsaufgaben zu Werdegang, Lebenslauf und Profil

Die Übungsaufgaben zu Ihrer Persönlichkeit und Ihre Selbstpräsentation leisten einen wichtigen Beitrag, wenn es um die Vorbereitung auf Fragen zu Werdegang, Lebenslauf und Profil geht. Im Interview lassen Sie das dabei Erarbeitete in Ihre Antworten einfließen. Wir geben Ihnen auch hier konkrete Hinweise und Tipps zur Bewältigung der Aufgabe. Allerdings sollten Sie sich zuerst die Mühe machen, eine eigene Antwort zu finden, bevor Sie sich unsere Anregungen ansehen.

Beispielaufgabe

Frage: Wie beurteilen Sie Ihren bisherigen Werdegang?

Mögliche Antwort: Da ich schon während meines Studiums feststellte, dass mich das Unternehmenscontrolling besonders reizt und ich in diesem Bereich tätig werden möchte, habe ich meine Ausbildung entsprechend ausgerichtet. Neben den Schwerpunkten im Studium, einigen einschlägigen Praktika und meiner ersten Stelle als Trainee im Bereich Controlling habe ich mich stets weitergebildet, etwa im Bereich Projektcontrolling und Medical Controlling. Als Kind wollte ich lange Zeit Arzt werden, ehe ich mein Interesse für wirtschaftliche Zusammenhänge entdeckte. Jetzt versuche ich beides zu verbinden.

Ich habe aber auch über den Tellerrand hinausgeschaut, meine Sprach- sowie IT-Kenntnisse stetig ausgebaut und mich bei verschiedenen Organisationen aktiv eingebracht. Daher würde ich sagen, mein Werdegang ist zielgerichtet, aber mit interessanten Facetten am Wegesrand.

Aufgabe 1

Was würden Sie an Ihrem beruflichen Werdegang gerne ändern?

Ihre Antwort

___

Hilfestellung zur Beantwortung der Frage

- International arbeiten
- Mehr Verantwortung übernehmen
- Viel Tagesgeschäft, würde aber lieber projektbezogen arbeiten

Darauf aufbauende Frage

Warum haben Sie denn bisher nicht auf internationaler Ebene gearbeitet?

Hilfestellung zur Beantwortung der Frage

Habe zwar in international tätigem Unternehmen gearbeitet, der Gang ins Ausland hat sich jedoch nie angeboten.

Aufgabe 2

Welche Qualifikationen bringen Sie für die Stelle mit?

Ihre Antwort

___

Hilfestellung zur Beantwortung der Frage

- Hohe Belastbarkeit
- Flexibilität
- Fachliche Grundlagen
- Sprachkenntnisse

Lassen Sie sich noch einmal die Stellenausschreibung durch den Kopf gehen!

Aufgabe 3

Welche Erfahrungen haben Sie im Ausland sammeln können?

Ihre Antwort

___

Hilfestellung zur Beantwortung der Frage
- Andere Arbeitskultur kennengelernt
- Andere Märkte kennengelernt
- In international zusammengesetzten Teams gearbeitet
- Sprachkenntnisse fundiert

Aufgabe 4
Wo sehen Sie die größte Schwäche Ihres Lebenslaufs?

Ihre Antwort

___

Hilfestellung zur Beantwortung der Frage
- Versäumt, eine dritte Fremdsprache zu lernen
- Banklehre nach Abitur war „zeitaufwendig", aber nicht unbedingt notwendig

Seien Sie hier nicht zu ehrlich. Gehen Sie an derartige Fragen ähnlich heran wie an die Fragen nach Ihren Stärken und Schwächen.

Übungsaufgaben zum Thema soziale Kompetenz

Beispielaufgabe
Frage: Was macht Ihrer Meinung nach gute Mitarbeiterführung aus?

Mögliche Antwort: Gute Mitarbeiterführung fängt bei der Eingliederung, beim Coaching sowie der Integration neuer Kollegen an. Sie zeigt sich in der Fähigkeit, andere in Entscheidungen einzubinden und sie spielt eine besondere Rolle bei der Konfliktbewältigung innerhalb des Teams.

Aufgabe 1
Was verstehen Sie unter Mitarbeitermotivation?

Ihre Antwort

_____
_____
_____
_____

Hilfestellung zur Beantwortung der Frage

- Stärken der Mitarbeiter fördern, Schwächen verbessern
- Selbstständigkeit der Mitarbeiter fördern
- Klare Ziele und Aufgaben mit den Mitarbeitern erarbeiten und definieren

Aufgabe 2

Stichwort Teamarbeit. Wo sehen Sie die Vorteile?

Ihre Antwort

_____
_____
_____
_____

Hilfestellung zur Beantwortung der Frage

- Wissen und Stärken der Einzelnen zusammenbringen
- Entwicklung von zusätzlichen Ideen
- Einbringen verschiedener Perspektiven
- Einbringen fachfremder Blickwinkel

Aufgabe 3

Wie setzen Sie Ihre Ziele durch?

Ihre Antwort

_____
_____
_____
_____
_____

Hilfestellung zur Beantwortung der Frage

- Durch überzeugende Argumente
- Durch Beziehen einer klaren Position
- Gegebenenfalls durch ein Machtwort

Übungsaufgaben zum Thema soziale Kompetenz

Aufgabe 4

Wie viel Einfühlungsvermögen braucht ein Vorgesetzter Ihrer Meinung nach?

Ihre Antwort

___

Hilfestellung zur Beantwortung der Frage

Von Fall zu Fall unterschiedlich. In der Produktion ist gegebenenfalls etwas weniger davon nötig als im Dienstleistungsbereich.

Aufgabe 5

Welche Soft Skills braucht eine Führungskraft?

Ihre Antwort

___

Hilfestellung zur Beantwortung der Frage

- Einfühlungsvermögen, Menschenkenntnis
- Fähigkeit, Mitarbeiter zu motivieren und zu führen
- Entscheidungsstärke
- Kommunikationsfähigkeit
- Delegationsfähigkeit
- Unternehmerisches Denken

Aufgabe 6

Wo sehen Sie Ihre Führungsqualitäten?

Ihre Antwort

Hilfestellung zur Beantwortung der Frage

- Kann zuhören
- Kann motivieren
- Bin in der Lage, Entscheidungen zu treffen
- Menschenkenntnis

Aufgabe 7

Wo konnten Sie diese bislang unter Beweis stellen?

Ihre Antwort

_____
_____
_____
_____
_____
_____

Hilfestellung zur Beantwortung der Frage

Bei dieser Frage greifen Sie am besten auf ein einfaches praktisches Beispiel zurück: Im Rahmen eines Projekts die fehlende Motivation der Mitarbeiter erkannt und entsprechend gehandelt.

Übungsaufgaben zu Berufszielen und Motivation

Beispielaufgabe

Frage: Wie lassen Sie sich motivieren?

Mögliche Antwort: Mich motiviert die Aufgabe, die ich zu bewältigen habe. Mich reizen Herausforderungen. Wenn ich schwierige Aufgaben löse und dafür eine gewisse Anerkennung bekomme, ist das für mich genau die richtige Motivation, mich an die nächste Herausforderung zu machen.

Aufgabe 1

Wo sehen Sie sich in fünf Jahren?

Ihre Antwort

_____
_____
_____
_____
_____
_____

Hilfestellung zur Beantwortung der Frage

- Mehr Personalverantwortung
- Möglicherweise Auslandsposition im Unternehmen

Übungsaufgaben zu Berufszielen und Motivation

Aufgabe 2

Was reizt Sie an dieser Position? Was reizt Sie an den anstehenden Aufgaben?

Ihre Antwort

Hilfestellung zur Beantwortung der Frage

- Fachliche Aufgabe
- Personelle Verantwortung
- Umfeld, Unternehmen
- Produkt
- Internationale Ausrichtung

Auch hier empfiehlt es sich, noch einmal die Stellenausschreibung Revue passieren zu lassen!

Aufgabe 3

Wie kommen Sie mit Ihrem bisherigen Vorgesetzten klar?

Ihre Antwort

Hilfestellung zur Beantwortung der Frage

- Gut, er fördert mich
- Offenes Vertrauensverhältnis
- Klare Aufgabenabstimmung

Aufgabe 4

Was halten Sie von 360-Grad-Beurteilungen?

Ihre Antwort

Hilfestellung zur Beantwortung der Frage

- Sind gut und interessant
- Kritik ist hilfreich, um sich weiterzuentwickeln
- Sind ein guter Spiegel für eigene und fremde Wahrnehmung

Aufgabe 5

Was verstehen Sie unter Erfolg?

Ihre Antwort

Hilfestellung zur Beantwortung der Frage

- Herausforderungen annehmen und meistern
- Selbsgesteckte oder vorgegebene Ziele erreichen

Aufgabe 6

Worauf legen Sie bei Ihrem Arbeitgeber wert?

Ihre Antwort

Hilfestellung zur Beantwortung der Frage

- Abwechslungsreiche und interessante Tätigkeit
- Karriereperspektiven
- Persönliche Entwicklungsmöglichkeiten
- Interessante Teams und Kollegen
- Anerkennung, auch finanzieller Art sollte stimmen und angemessen sein
- Möglichkeit, im Ausland zu arbeiten; internationales Umfeld
- Interessante Produkte
- Spannende Dienstleistungen

Übungsaufgaben zu Persönlichkeitsfragen

Beispielaufgabe

Frage: Sie haben den Lotto-Jackpot in Höhe von 35 Millionen Euro geknackt. Was machen Sie mit dem Geld?

Mögliche Antwort: Ich denke, ich würde ganz normal weiterarbeiten wollen, aber dennoch einen Teil des Geldes fest anlegen, um jetzt und im Alter eine finanzielle Sicherheit zu haben. Eine gewisse Summe von dem Geld würde ich auch spenden, ansonsten mir, meiner Familie und ein paar anderen Verwandten und engsten Freunden einige Herzenswünsche erfüllen. Den Rest würde ich spekulativ anlegen.

> **WELCHE ANTWORTEN NICHT GUT ANKOMMEN**
>
> Verzichten Sie bei dieser Frage darauf zu antworten, Sie würden aufhören zu arbeiten oder ein Jahr lang auf Weltreise gehen. Geben Sie dem Arbeitgeber das Gefühl, Sie würden gerne arbeiten, selbst mit einem Lottogewinn in Höhe von 35 Millionen Euro im Rücken. Was Sie tatsächlich machen, wenn Sie gewinnen, steht auf einem anderen Blatt!

Aufgabe 1

Nennen Sie acht Dinnergäste (freie Wahl) und sagen Sie, warum Sie gerade diese einladen würden.

Ihre Antwort

_____
_____
_____
_____
_____
_____

Hilfestellung zur Beantwortung der Frage

Nennen Sie Persönlichkeiten, mit denen Sie unterschiedliche Sachverhalte diskutieren können, zum Beispiel:

- Einen Bundespräsidenten
- Einen Minister
- Einen Erfinder
- Jemanden, der in seinem Leben bereits viel erlebt hat
- Ihr Vorbild aus der Jugend (Sportler, Künstler, Musiker etc.)

Aufgabe 2

Welchen Traumberuf hatten Sie in Ihrer Kindheit vor Augen? Was hat Ihnen daran besonders gefallen?

Ihre Antwort

Hilfestellung zur Beantwortung der Frage

- Arzt, wollte Menschen helfen
- Pilot, wollte fliegen und die Welt erkunden
- Reporter, wollte Neuigkeiten aufspüren

Aufgabe 3

Wem würden Sie einen Orden verleihen und warum?

Ihre Antwort

Hilfestellung zur Beantwortung der Frage

- Mutter, Vater, Lehrer; die Person hat sie geprägt, war immer ein guter Freund, Zuhörer, Ratgeber etc.
- Al Gore; er hat die Niederlage gegen den amtierenden Präsidenten der USA mit Würde und Fassung getragen, sich ein anderes Betätigungsfeld gesucht und ist heute weltweit angesehener als der Präsident.

Die Mutter, den Vater oder einen Lehrer zu nennen ist eine hervorragende Lösung, denn kaum ein Personaler wird die Leistungen Ihrer Mutter infrage stellen. Von Al Gore hingegen könnte er vielleicht schon eine andere Meinung haben.

Aufgabe 4

Welches politische Problem wüssten Sie gerne gelöst und wie?

Ihre Antwort

Hilfestellung zur Beantwortung der Frage

Umweltverschmutzung; aktiv werden und vorbeugen durch konsequentere Entscheidungen und durch schnellere Umsetzungen

Übungsaufgaben zu Vermutungen und (fingierten) Vorwürfen

Eine weitere beliebte Form der Befragung ist, die Bewerber mit sogenannten fingierten Vorwürfen zu konfrontieren. Ihr Interviewpartner konfrontiert Sie mit angeblichen Schwächen bei den Leistungsergebnissen aus den Übungsaufgaben, aus Ihrem Lebenslauf oder Ihren Antworten während eines persönlichen Gesprächs. Aussagen dieser Art sollten Sie auf jeden Fall entschärfen oder in etwas Positives umwandeln. Dass es sich meist nur um Provokationen handelt, erkennen Sie an der Formulierung. Nehmen Sie diese Fragen nicht persönlich, sie sind nur ein Prüfungsinstrument.

Beispielübung

Aussage: Mit Kritik scheinen Sie aber nicht sonderlich gut umgehen zu können!

Mögliche Antwort: Das würde ich nicht sagen. Wenn die Kritik berechtigt oder konstruktiv ist, nehme ich sie gerne an. Schließlich ist die Einschätzung anderer nicht unwichtig, wenn man sich weiterentwickeln möchte.

Aufgabe 1

Kompromissbereitschaft überlassen Sie ja lieber anderen.

Ihre Antwort

___

Mögliche Antwort

Das möchte ich so nicht stehen lassen. Kompromisse einzugehen bedeutet immer, die eigenen Interessen oder die des Arbeitgebers zu reduzieren, nicht einhundertprozentig durchzusetzen. Das will gut überlegt sein. Kompromisse gehe ich immer dann ein, wenn ein Projekt zu scheitern droht, falls sich keiner der Akteure bewegt.

Aufgabe 2

Führungsqualitäten gehören wohl nicht zu Ihren Stärken.

Ihre Antwort

___

Mögliche Antwort

Da muss ich Ihnen aber widersprechen! Und ich möchte Ihnen das anhand eines Beispiels beweisen. Vor gut einem Jahr haben wir die heterogene IT-Landschaft unserer einzelnen Standorte vereinheitlicht und dafür eine gemeinsame IT-Plattform bereitgestellt. Um das Projekt zu bewältigen, haben wir zur Unterstützung eine Unternehmensberatung beauftragt, uns bei der Umsetzung zu helfen. Gemeinsam sollte das Projekt geschultert werden.

In der Vergangenheit hat mein Team schlechte Erfahrungen mit Beratungsfirmen gemacht. Deshalb bestanden entsprechende Vorurteile bezüglich der Zusammenarbeit mit Externen. Mir als Leiter der IT-Abteilung ist es jedoch gelungen, die Mitarbeiter zu motivieren und auf einen Kurs zu bringen, der eine gute Zusammenarbeit ermöglicht hat. Wir haben das Projekt daraufhin zügig und auch äußerst erfolgreich abgeschlossen.

Aufgabe 3

Kreatives Agieren hat bei Ihnen aber keinen besonders hohen Stellenwert.

Ihre Antwort

_____
_____
_____
_____
_____

Mögliche Antwort

Nun, ich weiß nicht, woraus Sie das schließen. Meiner Meinung nach ist kreatives Agieren immer dann gefragt, wenn herkömmliche und bewährte Lösungen nicht zum Ziel führen. Wie etwa bei der Konstruktionsaufgabe heute Nachmittag. Die Idee, einen Fallschirm für das Ei zu bauen, finde ich, ist ein sehr konstruktiver und kreativer Vorschlag.

> **! ACHTUNG — BEREITEN SIE IHRE ANTWORTEN VORRANGIG MÜNDLICH VOR**
>
> Notieren Sie sich Ihre Antworten nur stichwortartig und formulieren Sie sie mehrfach mündlich und frei aus. Dadurch werden Sie sicherer. Schriftlich vorformulierte Antworten hören sich auswendig gelernt an und lassen Ihnen bei Zwischenfragen nur wenig Spielraum. Wenn Sie hingegen Ihre Stichworte im Kopf und die Formulierungen frei geübt haben, können Sie schneller wieder zu Ihrer Argumentationslinie zurückfinden.

Überlegen Sie sich eigene Fragen

Im Interview bekommen Sie meist selbst die Möglichkeit, Fragen zu stellen. Lassen Sie diese Chance nicht aus. Es empfiehlt sich, ein bis zwei Fragen im Vorfeld zu erarbeiten. Am besten sind Fragen zum Unternehmen oder zur ausgeschriebenen Stelle geeignet. Sie können nach Fortbildungsmöglichkeiten fragen oder danach, wie sich eine Karriere im Unternehmen in der Regel entwickelt. Überlegen Sie sich ein bis zwei eigene Fragen.

Frage 1

_____
_____

Frage 2

_____
_____

Was können Sie gut und was weniger gut?

In vielen Interviews werden die Bewerber nach ihren Stärken und Schwächen gefragt. Auch wenn es auf den ersten Blick nicht förderlich erscheinen mag, die eigenen Schwächen preiszugeben, so wird dies doch von Ihnen erwartet. Jeder Mensch hat Schwächen, und nur wer in der Lage ist, die eigenen Schwächen und Schwachstellen zu erkennen, kann angemessen damit umgehen.

Wenn Sie eine Ihrer Schwächen nennen, binden Sie diese am besten in ein Beispiel ein. Vermeiden Sie dabei Superlative (sehr, besonders etc.) Die Schwäche an sich genügt schon, Sie müssen sie nicht noch verstärken. Versuchen Sie stattdessen, Ihre Schwäche zu relativieren (manchmal, ein wenig etc.). Am besten ist es natürlich, wenn es Ihnen gelingt, Ihre Schwäche am Ende positiv aussehen zu lassen. Für den Fall der Fälle sollten Sie zwei Schwächen auswählen und sich vorbereiten. Nennen Sie die zweite Schwäche aber nur auf ausdrückliche Nachfrage.

Beispiele für Schwächen, die durchaus etwas Positives in sich bergen können, und wie Sie sie darstellen können:

- „Ich bin manchmal zu neugierig. Ich möchte alles ganz genau wissen, bis ins Detail."
- „Ich bin manchmal ungeduldig. Ich kann es nicht leiden, wenn sich etwas unnötig in die Länge zieht oder jemand bei einer wichtigen Sache trödelt."
- „Ich bin vielleicht etwas zu kompromissbereit. Ich gehe manchmal auf Kompromisse ein, nur um eine Sache nicht ganz scheitern zu lassen."

Allerdings sollten Sie Ihre eigenen Schwächen nennen und nicht auf eine der hier genannten zurückgreifen. Das würde wenig authentisch wirken, denn viele Personaler kennen diese Beispiele und die entsprechende Relativierung schon!

Schwäche 1

_____
_____
_____

Schwäche 2

_____
_____
_____

Die Autoren

Jasmin Hagmann

Sie arbeitet als selbstständige Journalistin und Autorin (zum Beispiel jahrelang für die „Süddeutsche Zeitung" etc.). Darüber hinaus unterstützt und berät sie Bewerber bei der optimalen Gestaltung ihrer Bewerbungsunterlagen (www.bewerbungsmappencheck.de).

Christoph Hagmann

Er ist seit 1996 als Unternehmensberater bei internationalen strategischen Beratungen tätig. Er führt zudem Auswahlverfahren und Recruiting-Veranstaltungen für Berufseinsteiger sowie für berufserfahrene Bewerber durch.